AF534109

DAS GROSSE

DINOSAURIER BUCH

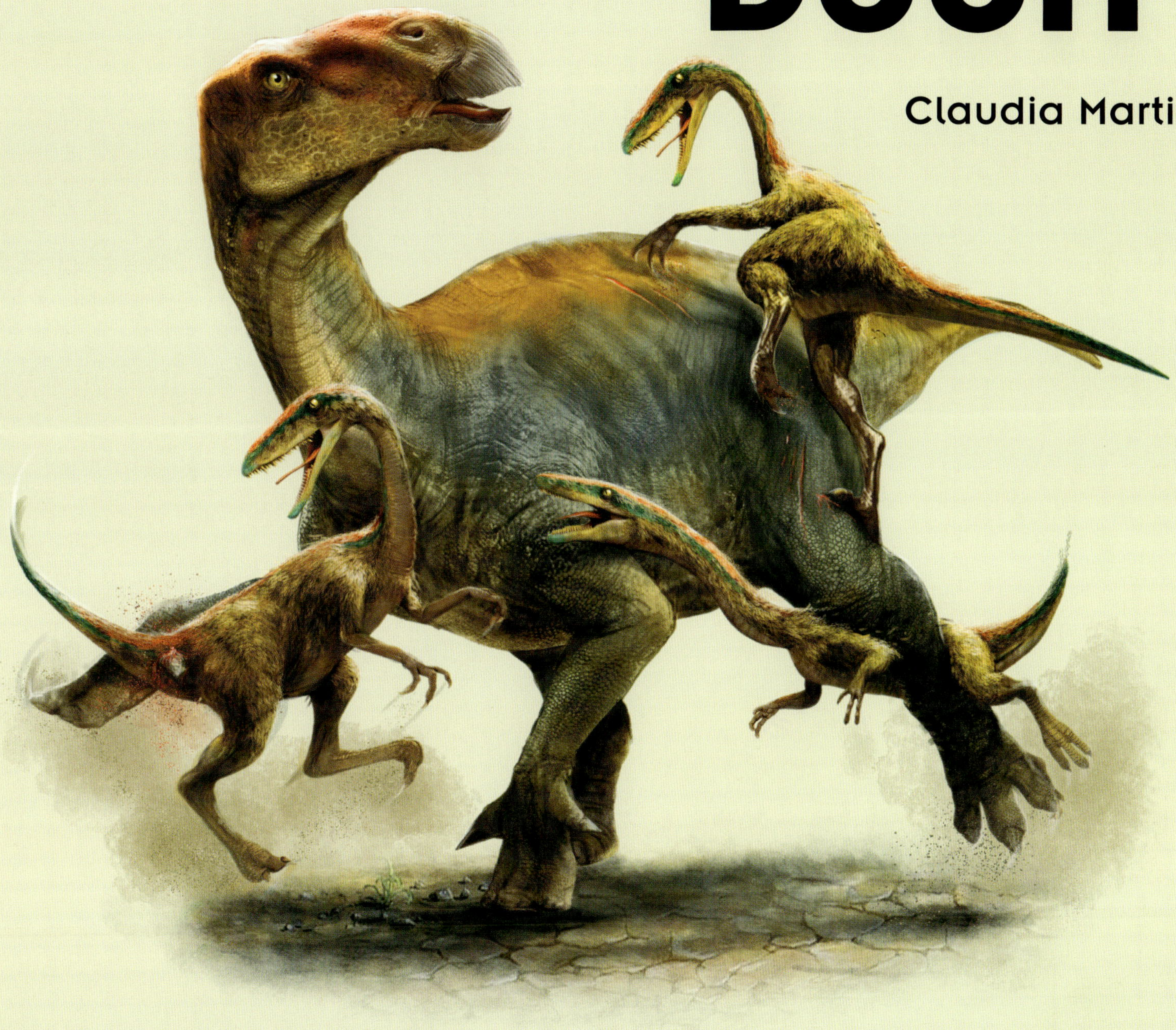

Claudia Martin

Alle Illustrationen von Mat Edwards außer die folgenden:

Colin Howard: S. 12 u.l., S. 19 o. Mi., S. 41 Mi., S. 70 u., S.101 Mi. r.; **Jerry Pyke:** S. 6, S. 15 Mi. r., S. 19 Mi o., S. 25Mi., S. 88 Mi.; **Juan Calle:** S. 35 o.r., S. 38 u.l., S. 41 Mi. r., S.77 o.l., S. 85 Mi. u., S. 113 Mi., S. 117 Mi r.; **Martin Bustamante:** S. 11 Mi., S. 39 u.r., S. 45 Mi. r., S. 46, S. 71 o.r.; **Parwinder Singh:** S. 104 u.; **Rudolf Farkas:** S. 71 Mi. l.; **Science Photo Library:** S. 6–7 (John Sibbick), S. 59 u. (James Kuether), S. 74–75 (Mark Garlick); **Shutterstock:** S. 2, S. 82–83 (Jean-Michel Girard), S. 9 o. und alle Weltkarten (tinkivinki), S. 13 Mi. l. (Marcio Jose Bastos Silva), S. 13 o.r. (Jake Kohlberg), S. 13 Mi. r. (MarcelClemens), S. 13 u. l. (Wellford Tiller), S. 16 Mi. (Matis75), S. 18 u.r., S. 25 u.l., S. 33 o.l., S. 83 Mi. r., S. 116–117 (YuRi Photolife), S. 19 o.l., S. 30 Mi. (Bee_acg), S. 19 o. Mi., S. 22 Mi. l., S. 29 Mi., S. 50 u., S. 61 o.l., S. 64 Mi. l., S. 80 Mi., S. 96–97 Mi., S. 103 Mi., S. 108 Mi., S. 116 u.r., S. 119 Mi. (Warpaint), S. 19 o.r., S. 32-33, S. 37 Mi., S. 96–97 u., S. 97 o.l., S. 112–113, S. 118 Mi. l. (Herschel Hoffmeyer), S. 19 Mi. r. u., S. 25 Mi l. (Liliya Butenko), S. 22 u., S. 69 Mi., S. 88–89 (Love Lego), S. 22–23 (Ozja), S. 23Mi., S. 25 u.r., S. 57 Mi., S. 60 r., S. 70 Mi. l., S. 76 u.l., S. 76 u.r., S. 82 u.l., S. 98 Mi., S. 105 Mi. r., S. 109 u., S. 118–119, S. 124 u. (Catmando), S. 23 u. (AuntSpray), S. 24 Mi. l. (Diego Barucco), S. 24 Mi. l. (Designua), S. 24 Mi. r., S. 60Mi. (Dotted Yeti), S. 24 u. Mi. (Blue bee), S. 25 o. l. (NoPainNoGain), S. 25 Mi. r. (Roni Setiawan), S. 25 u.Mi., S. 77Mi. r. (Elenarts), S. 35 u. (Alex Coan), S. 37 o.r. (CatbirdHill), S. 44 u. l. (frantic00), S. 51 o., S. 66 (Daniel Eskridge), S. 54 Mi. (Sebastian Kaulitzki), S. 58 Mi. r. (Mr. Aekalak Chiamcharoen), S. 82 o. (Linda Bucklin), S. 83 u.l. (David Herraez Calzada), S. 85 Mi. r., S.104 o.l. (topimages), S. 97 o.r. (Noiel), S. 100 Mi. l. (Bob Orsillo), S. 104–105 u. (Valentyna Chukhlyebova), S. 106 u. (Michael Rosskothen), S. 108 u. (ChWeiss), S. 111 Mi. (Eugen Thome), S. 112 Mi. l. (Wlad74), S. 117 o. (Sombra), S. 118 u. (Lefteris Papaulakis), S. 119 o.r. (Ralf Juergen Kraft), S. 122 Mi. r. (Mark_Kostich), S. 125 u.r. (SanchaiRat); **Stefano Azzalin:** S. 18 o.r., S. 18 Mi. r., S. 23 o., S. 26 u., S. 32 Mi., S. 35 Mi., S. 39 Mi., S. 39 u.l., S. 45 o., S. 51 u. Mi., S. 63 Mi., S. 67 o., S. 71 u.r., S. 72 Mi., S. 75 o.r., S. 79 Mi., S. 86 u., S. 101 o., S. 113 o.r., S. 114 Mi., S. 116 u.l., S. 121 Mi., S. 122 Mi., S. 124 Mi., S. 125 o.r., S. 125 Mi. Alle Tiersilhouetten von Shutterstock. Coverillustration (Vorderseite): **Franco Tempesta**

Originaltitel: The ultimate book of dinosaurs
Autorin: Claudia Martin
Designerin: Lorraine Inglis
Chef-Illustrator: Mat Edwards
Berater: Dougal Dixon
Herausgeberin: Rebecca Clunes
Künstlerische Leiterin: Rosie Bellwood
Redaktionsleiter: Joe Harris

Übersetzung und Satz: writehouse – Katrin Höller
Coveradaption: Beate Lennartz

ISBN 978-3-7415-2724-1
10 9 8 7 6 5 4 3 2 1

INHALT

Die Zeit der Dinosaurier

Vor etwa 233 Millionen Jahren liefen die ersten Dinosaurier auf der Erde umher. In den folgenden 167 Millionen Jahren waren sie die größten und gefährlichsten Tiere auf allen Kontinenten. Durch Sümpfe, Wälder und Wüsten streiften aber auch Millionen von sanften pflanzenfressenden Dinosauriern, die sich mit enormer Größe, scharfen Hörnern oder Flinkheit gegen ihre gefährlichen Verwandten verteidigten.

Dinosaurier waren Reptilien, genau wie die schuppigen Echsen und Krokodile von heute. Wie die meisten Reptilien legten Dinosaurierweibchen Eier. Manche Dinos liefen auf vier Beinen und manche auf zwei, aber sie alle hatten vier Extremitäten. Der Hauptunterschied zwischen Dinosauriern und anderen Reptilien war, dass ihre (Hinter-)Beine gerade unter ihrem Körper standen und nicht seitlich davon abgingen. Das machte sie schneller und ermöglichte ihnen, größer und schwerer zu werden. Obwohl einige von ihnen in Flüsse und Seen hineinwateten, um Beute zu fangen, waren sie an Land lebende Tiere.

Es gab etwa 1.000 verschiedene Dinosaurierarten. Angehörige der gleichen Art sahen ähnlich aus und benahmen sich ähnlich. Die frühesten Dinosaurierarten waren kleine Fleischfresser. Doch über Millionen von Jahren veränderten die Dinos ihre Gewohnheiten und ihr Aussehen; sie wurden größer oder kleiner, begannen, Pflanzen zu fressen oder entwickelten sogar Flügel. Während neue Arten entstanden, starben andere nach ein paar Millionen Jahren aus. Die Arten reichten von winzigen, schnellen Dinos wie dem *Parvicursor*, der nur 39 cm lang war, bis zu langsamen Pflanzenfressern wie dem *Argentinosaurus*, der bis zu 39,70 m lang wurde.

Vor etwa 66 Millionen Jahren schlug ein riesiger Asteroid auf der Erde ein. Diese Katastrophe ließ alle Dinosaurierarten aussterben – außer ein paar, die Flügel hatten und später einen neuen Namen bekamen: Vögel.

Der *Kosmoceratops* gehörte zu den pflanzenfressenden Dinosaurierarten und lebte vor 76–75 Millionen Jahren in Nordamerika. Er war 4,50 m lang und wog ungefähr so viel wie ein Flusspferd.

Irgendwo in Asien versucht vor etwa 67 Millionen Jahren der Fleischfresser *Qianzhousaurus*, einen Dinosaurier mit Federn und Flügeln namens *Nankangia* zu fangen.

Die Geburt der Erde

Vor etwa 4,5 Milliarden Jahren bildete sich die Erde in einer Wolke aus Gas und Staub, die unsere noch junge Sonne umgab. In den Ozeanen entstanden vor etwa 3,5 Milliarden Jahren die ersten sehr kleinen und einfachen Lebewesen. Und erst vor 230 Millionen Jahren gab es die ersten Dinosaurier auf der Erde.

Zusammen mit den anderen Planeten unseres Sonnensystems entstand die Erde aus Gasen und Staub, die von der Entstehung der Sonne übrig geblieben waren. Die Schwerkraft formte sie zu Klumpen, und aus dem dritten Klumpen (von der Sonne aus gesehen) wurde die Erde. Die Zusammenballung der Materie setzte eine enorme Hitze frei: Auf der Erde war es damals 5.000 °C warm.

Schwere Metalle, vor allem Eisen und Nickel, sanken nach unten und formten den Kern unseres Planeten mit einem Durchmesser von 6.942 km. Leichtere Stoffe stiegen an die Oberfläche, wo sie flüssiges Gestein bildeten.
In den ersten 500 Millionen Jahren war die Erde heiß und von giftigen Gasen umgeben. Langsam kühlte sie dann so weit ab, dass ihre äußere Gesteinsschicht hart werden konnte. Nach und nach entstanden die Ozeane, die einen Großteil der Erdoberfläche bedecken, und die Atmosphäre, die wir noch heute atmen. Erst jetzt waren die Bedingungen so, dass Lebewesen sich hier wohlfühlen konnten.

Der Dinosaurier *Liliensternus* lebte vor etwa 230 Millionen Jahren – 3,27 Milliarden Jahre, nachdem sich die ersten Lebewesen entwickelt hatten.

Die Evolution

So wie sich die Erde selbst verändert hat, haben das auch die Tiere und Pflanzen, die auf ihr leben, getan. Über Millionen von Jahren entwickeln sie sich und bilden neue Merkmale aus, die ihnen helfen, zu überleben.
Unter anderem können Naturkatastrophen, die Änderungen der Temperatur oder des Meeresspiegels auslösen, zum Aussterben von Lebewesen führen.

Alles, was lebt, hat sich aus winzigen Einzellern entwickelt – Bakterien, Archaeen und Eukaryoten. Dinosaurier bestanden aber aus Billionen von Zellen.

Vor etwa 600 Millionen Jahren lebten in den Ozeanen die ersten Lebewesen, die aus mehreren Zellen bestanden.

DIE ERDE IM WANDEL

Die Erde sah nicht immer so aus wie heute. Innerhalb von 4,5 Milliarden Jahren haben sich die Formen der Kontinente, das Klima und die Tiefen der Ozeane fortwährend – aber sehr langsam – gewandelt. Viele dieser Veränderungen wurden durch die Bewegungen der Gesteinsplatten hervorgerufen, welche die Oberfläche der Erde bilden.

Wissenschaftler teilen die Erdgeschichte in Zeitalter ein, die man – vom längsten zum kürzesten – Äon, Ära, Periode, Epoche und Alter nennt. Am Anfang und am Ende jeder Zeitspanne stand ein wichtiges Ereignis, z.B. große Evolutionsschritte oder Katastrophen, die ein allgemeines Aussterben auslösten. Wissenschaftler kennen diese Ereignisse, weil sie Gestein und Fossilien untersucht haben. Die Dinosaurier entwickelten sich in der Trias-Periode, begannen in der Jura-Periode, die Erde zu beherrschen, und starben am Ende der Kreide-Periode aus.

Die Erdoberfläche besteht aus riesigen Gesteinsplatten, den tektonischen Platten, die ähnlich wie Puzzleteile zusammenpassen. Mit der Zeit hat das flüssige Gestein, das unter ihnen fließt, diese Platten auf der Erde herumgeschoben. Das veränderte die Form der Kontinente und sorgte außerdem dafür, dass dort, wo die Platten gegeneinander stießen, Gebirge entstanden, Erdbeben und Vulkanausbrüche stattfanden. Große Ausbrüche können das Klima der Erde verändern, die Luft wärmer oder kälter machen und den Meeresspiegel heben oder senken.

Viele Vulkanausbrüche haben große Mengen an Kohlendioxid freigesetzt, das die Wärme rund um die Erde speichert.

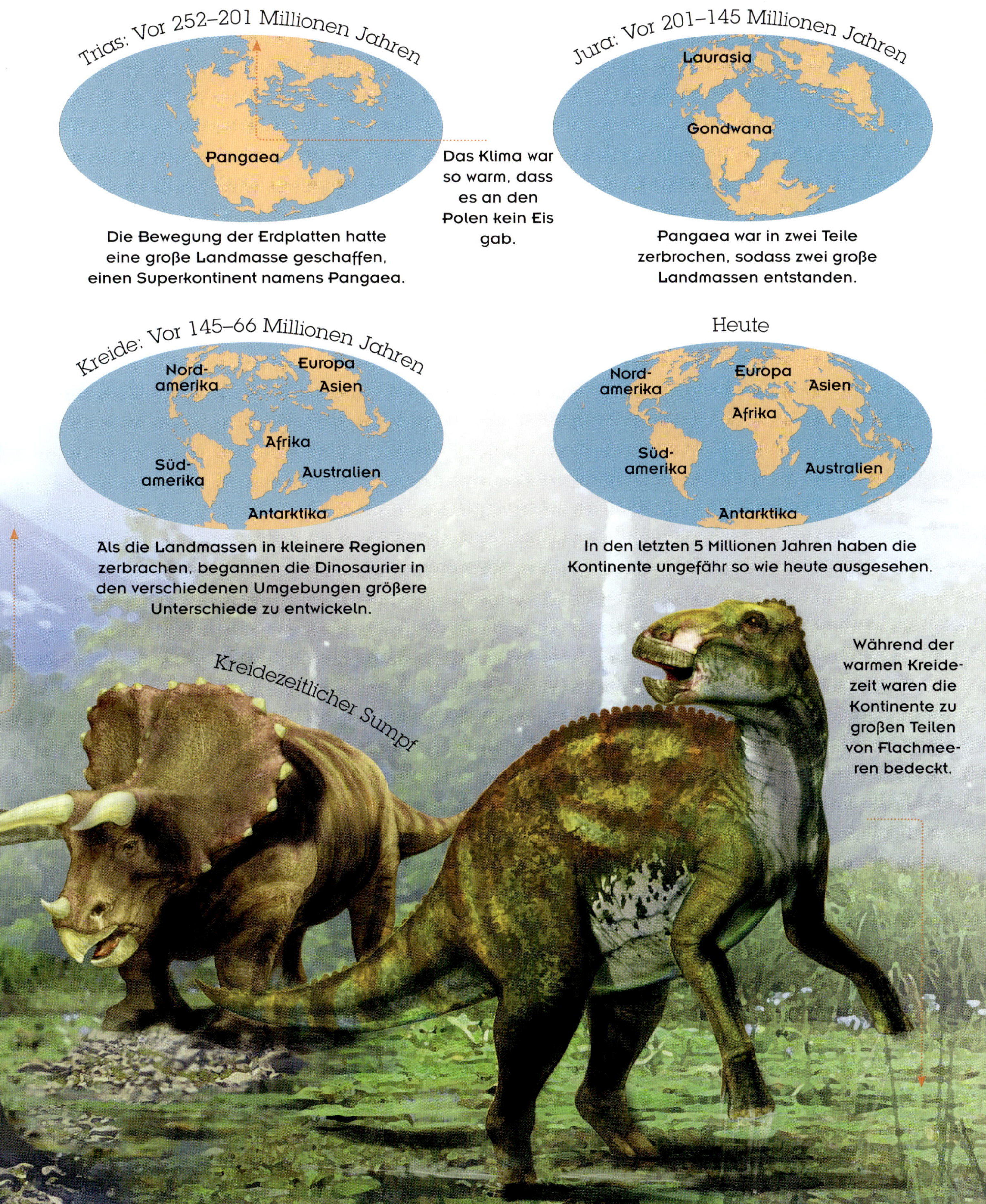

Die Bewegung der Erdplatten hatte eine große Landmasse geschaffen, einen Superkontinent namens Pangaea.

Pangaea war in zwei Teile zerbrochen, sodass zwei große Landmassen entstanden.

Als die Landmassen in kleinere Regionen zerbrachen, begannen die Dinosaurier in den verschiedenen Umgebungen größere Unterschiede zu entwickeln.

In den letzten 5 Millionen Jahren haben die Kontinente ungefähr so wie heute ausgesehen.

Während der warmen Kreidezeit waren die Kontinente zu großen Teilen von Flachmeeren bedeckt.

Vor etwa 450 Millionen Jahren jagt ein 5,50 m langes *Endoceras* mit spitzem Gehäuse die kieferlosen Fische *Promissum* und *Sacabambaspis*, während das wirbellose *Isotelus* über den Meeresboden krabbelt.

Das Leben beginnt

Das Leben begann in den Ozeanen und blieb dort etwa 2 Milliarden Jahre lang. In dieser Zeit entwickelte es sich von Einzellern zu vielzelligen Tieren und Pflanzen. Manche Tiere bildeten schließlich Wirbelsäulen aus, das waren die ersten Wirbeltiere. Noch etwas später wuchsen einigen Wirbeltieren vier Beine. Das machte sie zu den Vorfahren der Dinosaurier – und der Menschen.

Die ersten Lebewesen waren keine Tiere, sondern winzige, einfache Mikroorganismen. Die frühesten bekannten Tiere entwickelten sich vor rund 665 Millionen Jahren. Tiere können sich fortbewegen und andere Lebewesen fressen, und sie brauchen zum Überleben Sauerstoff. Die frühesten Tiere waren Weichtiere ohne Gehäuse oder Wirbelsäule. Sie nahmen den Sauerstoff aus dem Wasser auf und waren die Vorfahren der heutigen Wirbellosen (Tiere ohne Wirbelsäule) wie z.B. der Quallen.

Vor etwa 540 Millionen Jahren wuchsen einigen Tieren Gehäuse. Diese könnten als Schutz gedient haben, oder dafür, die Tiere schwerer zu machen, damit sie nicht im Strom fortgespült wurden. Von einigen dieser frühen Schalentiere stammen die heutigen Schnecken und Krebse ab.

Die ersten Wirbeltiere entwickelten sich vor etwa 520 Millionen Jahren. Diese fischartigen Geschöpfe saugten ihre Nahrung ein, anstatt sie zu beißen, denn sie hatten keine Kiefer. Nach weiteren 60 Millionen Jahren entstanden die ersten Tiere mit Kiefern, darunter haiähnliche Fische. Die ersten vierbeinigen Tiere, die man Tetrapoden (Landwirbeltiere) nennt, entwickelten sich vor etwa 367 Millionen Jahren aus Knochenfischen.

Ammoniten – Wirbellose mit spiralförmigen Gehäusen – lebten vor 240 bis vor 66 Millionen Jahren in den Ozeanen.

Tetrapoden

Die frühen Tetrapoden lebten meist im seichten Wasser, doch ihre vier Beine ermöglichten es ihnen, auch an Land zu gehen. Wie ihre Fisch-Vorfahren besaßen sie Kiemen, um den Sauerstoff aus dem Wasser aufnehmen zu können, aber gleichzeitig auch Lungen, um Luft zu atmen. Zu den frühesten Tetrapoden gehörten die Amphibien. Heutige Amphibien wie Frösche und Salamander legen ihre Eier im Wasser ab und verbringen ihr Leben meist zum Teil im Wasser, zum Teil an Land. Spätere Tetrapoden – Reptilien, Vögel und Säugetiere – hatten keine Kiemen mehr; ihnen genügte die Lunge, um Luft zu atmen. Anders als ihre Reptilien-Vorfahren bekamen Säugetiere Haar oder Fell und säugten ihre Kinder mit Milch.

Acanthostega **lebte vor rund 365 Millionen Jahren und war einer der frühesten bekannten Tetrapoden. Mit seinen vier Beinen konnte er sowohl schwimmen als auch durch flachen Sumpf laufen.**

FOSSILIEN

Ohne Fossilien wüssten wir gar nicht, dass Dinosaurier und andere ausgestorbene Tiere existiert haben. Fossilien sind die erhaltenen Überreste eines Tieres oder einer Pflanze, die vor Tausenden, Millionen oder gar Milliarden von Jahren gelebt haben. Manchmal hat sich der Körper eines Tieres im Gestein erhalten, manchmal finden wir ein Loch in Form eines Tieres, einen Fußabdruck oder andere Spuren.

Wenn ein Tier stirbt, verwest sein Körper normalerweise. Doch wenn der Körper rasch von Sand oder Schlamm bedeckt wird, kann ein Fossil entstehen. Selbst dann verrotten fast immer die weichen Teile des Tieres wie Fleisch, Muskeln und Federn; zurück bleiben aber wenigstens Knochen, Zähne oder Gehäuse. Sehr langsam wird der Sand oder Schlamm rund um den Körper zu hartem Gestein. Wasser sickert in die Knochen oder Zähne und löst sie auf, doch die im Wasser enthaltenen Mineralien füllen die entstandenen Lücken auf, sodass eine steinerne Kopie davon entsteht. Fußspuren werden zu Fossilien, wenn die Sonne sie härtet und sie dann von Sand und Schlamm bedeckt werden. Gelegentlich bildet sich ein Fossil, ohne dass das Tier zu Stein wird, wenn nämlich der ganze Körper in Eis, Teer oder klebrigem Harz konserviert wurde.

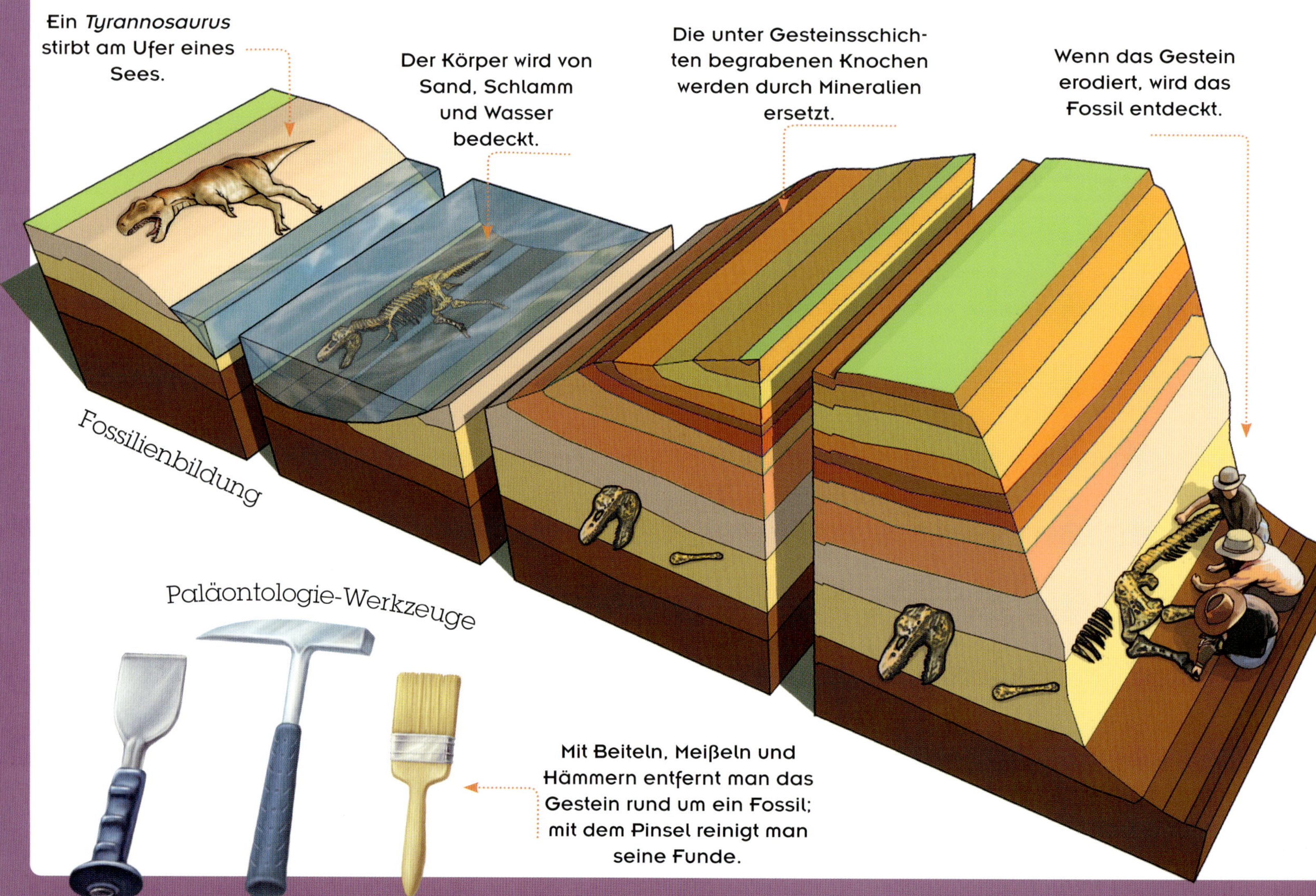

Die Wissenschaftler, die Dinofossilien erforschen, nennt man Paläontologen. Sie legen die Fossilien behutsam frei und überlegen, wie der Dino ausgesehen haben könnte, indem sie die Formen der Knochen untersuchen oder auch Spuren auf den Knochen, wo einst die Muskeln saßen. Indem sie sich die Gesteinsschichten, in denen das Fossil gefunden wurde, näher anschauen, finden sie heraus, vor wie vielen Jahren der Dinosaurier gelebt hat.

Hier ist der Zahn eines Mosasaurus, eines ausgestorbenen Meeresreptils, zu Stein geworden.

Körperfossil

Spurenfossil

Dieser Fußabdruck eines Theropoden-Dinosauriers gehört zu den Spurenfossilien, denn es ist die Spur eines seit Langem toten Tieres, nicht das Tier selbst.

Steinkerne und Abdrücke

Weil diese Pflanze unter Sand stark zusammengepresst wurde, hinterließen ihre Blätter Abdrücke im Sandstein.

Kompressionsfossil

Einige dieser Ammonitenfossilien sind Abdrücke: Die Form ihrer Gehäuse hat sich in das härter werdende Gestein eingeprägt. Die anderen sind Steinkerne: Hier wurde das Innere der Gehäuse von Mineralien ausgefüllt.

Frühe Reptilien

Reptilien sind vor etwa 312 Millionen Jahren aus Amphibien hervorgegangen. Sie waren die ersten Wirbeltiere, die ganz an Land lebten. Anders als Amphibien, die weiche Eier legen, welche feucht gehalten werden müssen, legen Reptilien normalerweise hartschalige Eier an Land. Die Schale verhindert, dass das Küken austrocknet. Die frühesten Reptilien hatten einfache Schädel; einige spätere Reptilien entwickelten leichtere, komplexere Schädel.

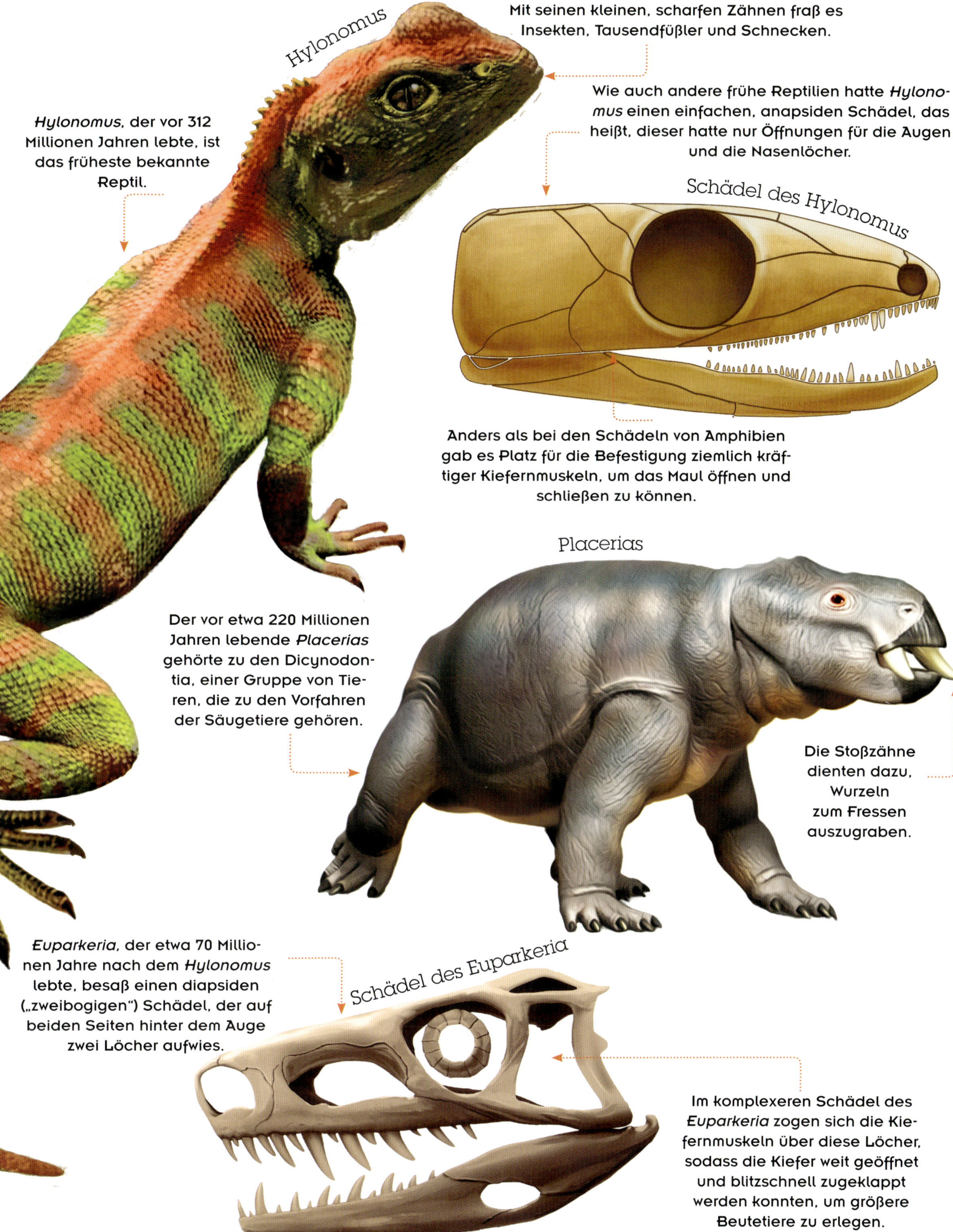

Mit seinen kleinen, scharfen Zähnen fraß es Insekten, Tausendfüßler und Schnecken.

Hylonomus, der vor 312 Millionen Jahren lebte, ist das früheste bekannte Reptil.

Wie auch andere frühe Reptilien hatte *Hylonomus* einen einfachen, anapsiden Schädel, das heißt, dieser hatte nur Öffnungen für die Augen und die Nasenlöcher.

Anders als bei den Schädeln von Amphibien gab es Platz für die Befestigung ziemlich kräftiger Kiefernmuskeln, um das Maul öffnen und schließen zu können.

Der vor etwa 220 Millionen Jahren lebende *Placerias* gehörte zu den Dicynodontia, einer Gruppe von Tieren, die zu den Vorfahren der Säugetiere gehören.

Die Stoßzähne dienten dazu, Wurzeln zum Fressen auszugraben.

Euparkeria, der etwa 70 Millionen Jahre nach dem *Hylonomus* lebte, besaß einen diapsiden („zweibogigen") Schädel, der auf beiden Seiten hinter dem Auge zwei Löcher aufwies.

Im komplexeren Schädel des *Euparkeria* zogen sich die Kiefernmuskeln über diese Löcher, sodass die Kiefer weit geöffnet und blitzschnell zugeklappt werden konnten, um größere Beutetiere zu erlegen.

Die ersten Dinosaurier

Vor etwa 233 Millionen Jahren entstanden die Dinosaurier aus einer Gruppe von Reptilien mit diapsiden Schädeln. Wie auch spätere Dinos lebten sie an Land. Sie liefen auf den Hinterbeinen und ergriffen Beute mit ihren Händen. Die meisten frühen Dinos waren klein – viel kleiner als die gigantischen Dinosaurier, die sich in den folgenden 167 Millionen Jahren noch entwickeln sollten.

Die Diapsiden, die vor etwa 307 Millionen Jahren aufkamen, besaßen leichte Schädel mit kräftigen Kiefern. Auch die meisten heutigen Reptilien wie Eidechsen, Schlangen und Krokodile sind Diapsiden. Schildkröten sind die einzigen lebenden Reptilien mit einem einfacheren anapsiden Schädel.

Vor etwa 250 Millionen Jahren teilten sich die Diapsiden in zwei Hauptgruppen: die Archosaurier („Herrscherreptilien") und die Lepidosauromorpha. Die frühen Lepidosaurier waren Vorfahren der heutigen Schlangen und Eidechsen; die frühen Archosaurier die der Dinosaurier, Krokodile und Pterosaurier, fliegender Reptilien. Archosaurier hatten einen Vorteil gegenüber anderen Reptilien: Ihre Zähne saßen tief im Kiefer und konnten so beim Fressen nicht herausfallen. Und die Fenster in ihren Schädeln machten diese sehr leicht.

Die Dinosaurier entwickelten einen zusätzlichen Vorteil gegenüber anderen Archosauriern: Ihre Beine standen gerade unter ihrem Körper, waren also nicht zu den Seiten abgespreizt. So konnten sie mehr Gewicht tragen und größere Schritte machen. All diese Vorteile führten dazu, dass die Dinosaurier viele Millionen Jahre lang die erfolgreichsten und verbreitetsten Landtiere waren.

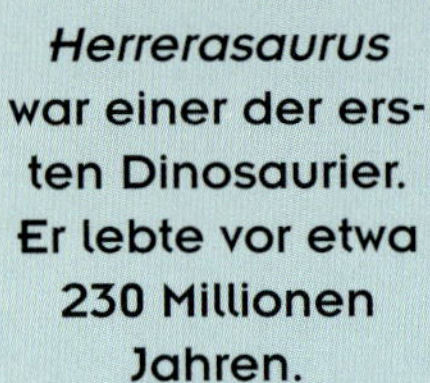

Herrerasaurus **war einer der ersten Dinosaurier. Er lebte vor etwa 230 Millionen Jahren.**

Die Beinstellung der Dinosaurier

Becken und Beine von Dinosauriern haben sich so entwickelt, dass sie aufrechter stehen als andere Reptilien, auch als heutige Eidechsen. Diese können zwar schnell rennen, aber immer, wenn sie ein Bein nach vorn bringen, muss ihr ganzer Körper sich mitbewegen, was abwechselnd Druck auf die Lungenflügel ausübt. Daher müssen Eidechsen nach einem Lauf erst einmal anhalten und wieder zu Atem kommen, selbst wenn sie in Gefahr sind. Die aufrechte Stellung der Dinos ermöglichte ihnen leichteres Atmen beim Laufen. Außerdem leiteten die geraden Beine ihr Gewicht direkt in den Boden ab, sodass sie das gesamte Körpergewicht tragen konnten, was die vorderen Extremitäten für das Ergreifen von Beute frei machte.

Eidechsenstellung

Dinosaurierstellung

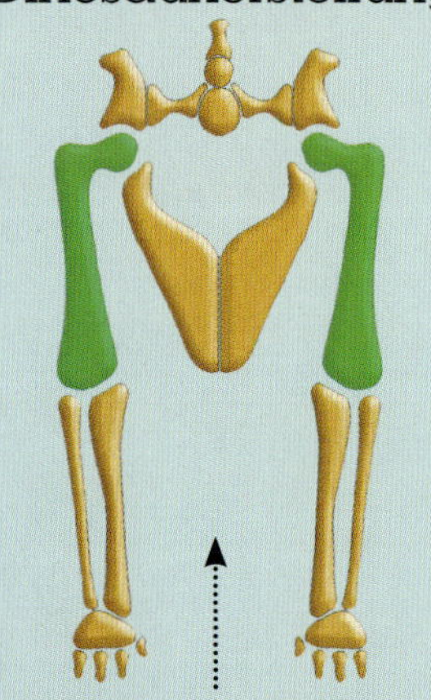

Die Oberschenkelknochen eines Dinosauriers, die Femora, bildeten oben rechte Winkel.

Der frühe, 1 m lange Dinsaurier *Eoraptor* jagt hier eine Echse durch das Argentinien der Trias-Periode.

DINOSAURIERGRUPPEN

Paläontologen teilen Dinosaurier in Gruppen ein, die auf Ähnlichkeiten u.a. bei Knochen und Zähnen basieren. Ähnliche Dinosaurier werden der gleichen Art oder Gattung zugeordnet. Gattungen mit ähnlichen Charakteristika gehören zur selben Familie, Familien wiederum zu einer Ordnung usw. So ist *Tyrannosaurus* eine Gattung, die zur Familie der Tyrannosauridae, der großen Fleischfresser, gehört.

Viele Paläntologen teilen Dinosaurier nach der Stellung ihrer Beckenknochen in zwei Hauptgruppen (Ordnungen) ein: Ornithischia (Vogelbeckensaurier) und Saurischia (Echsenbeckensaurier). Die Ornithischia waren Pflanzenfresser. Ihre Becken ähnelten denen von Vögeln, mit denen sie aber nicht näher verwandt waren – die Vögel entwickelten sich sogar aus den Saurischia. Zu den Saurischia gehörten sowohl Fleisch- als auch Pflanzenfresser.

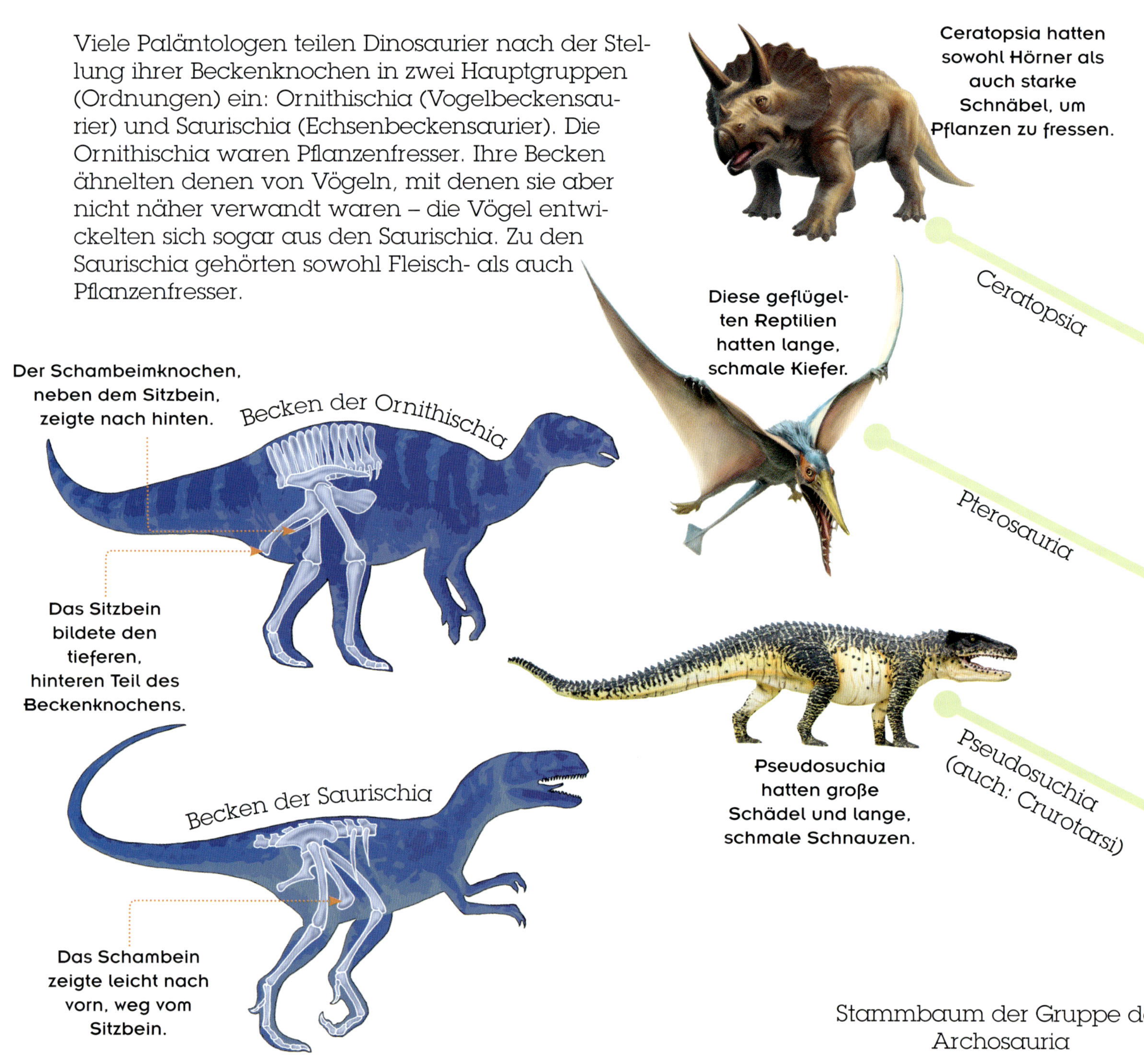

Stammbaum der Gruppe der Archosauria

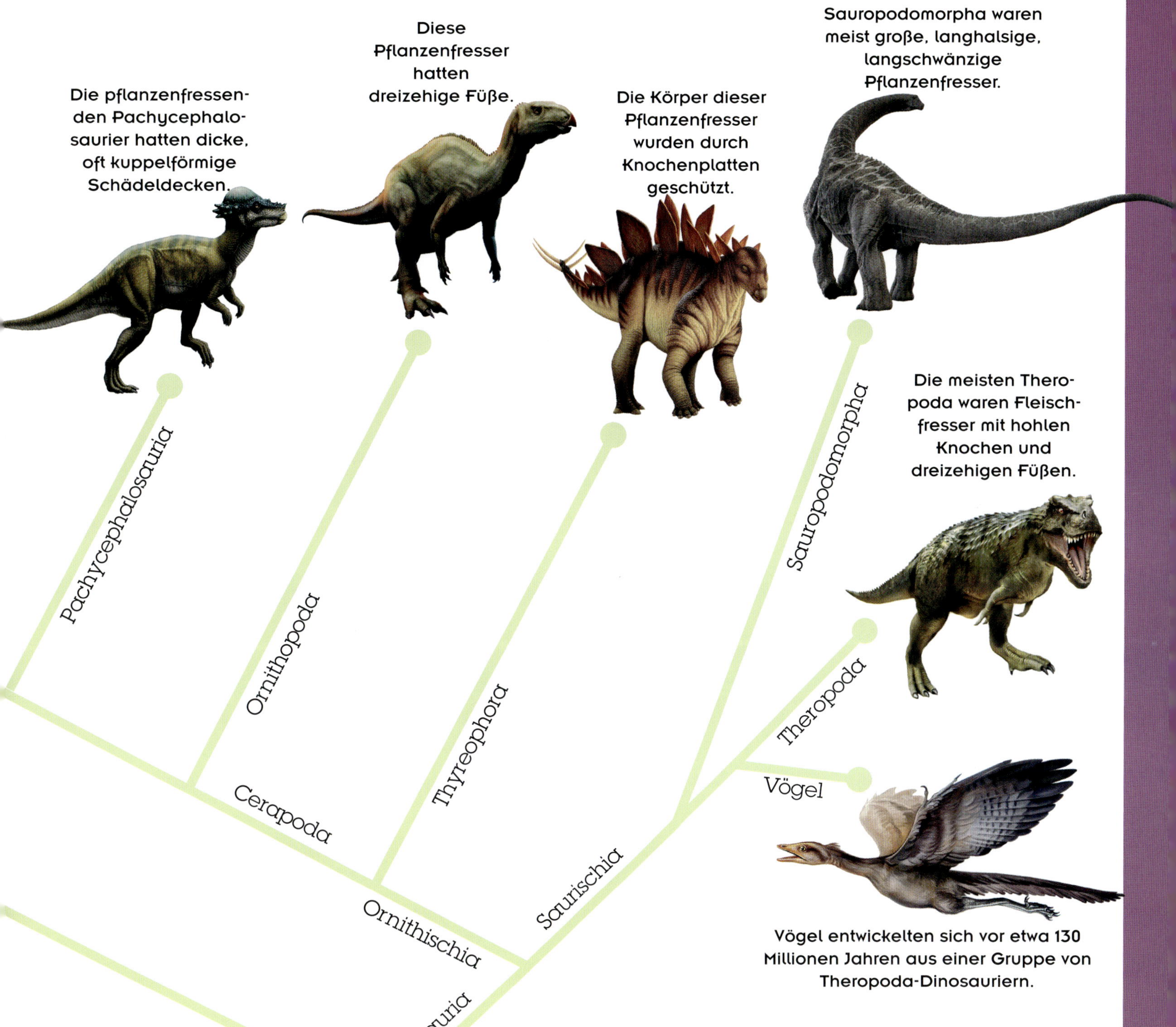

Die pflanzenfressenden Pachycephalosaurier hatten dicke, oft kuppelförmige Schädeldecken.

Diese Pflanzenfresser hatten dreizehige Füße.

Die Körper dieser Pflanzenfresser wurden durch Knochenplatten geschützt.

Sauropodomorpha waren meist große, langhalsige, langschwänzige Pflanzenfresser.

Die meisten Theropoda waren Fleischfresser mit hohlen Knochen und dreizehigen Füßen.

Pachycephalosauria
Ornithopoda
Thyreophora
Sauropodomorpha
Theropoda
Vögel
Cerapoda
Ornithischia
Saurischia
Dinosauria

Vögel entwickelten sich vor etwa 130 Millionen Jahren aus einer Gruppe von Theropoda-Dinosauriern.

Zum Stammbaum der Archosauria gehören Pseudosuchia (krokodilähnliche Reptilien), Pterosauria (Flugsaurier) und Dinosaurier. Die Pseudosuchia entwickelten sich vor den Dinosauriern; etwa 250 Millionen Jahre ist das her. Pterosaurier existierten etwa zur gleichen Zeit wie die Dinosaurier; die ersten vor etwa 230 Millionen Jahren. Zu den Ornithischia gehören u.a. die Cerapoda einschließlich der Ceratopsia, die Pachycephalosaurier, die Ornithopoda und die Thyreophora. Zu den Saurischia gehören u.a. die Sauropodomorpha und die Theropoda.

Auch wenn sie den Einschlag des Asteroiden in das seichte Wasser des Golfs von Mexiko überlebten, starben Dinosaurier wie *Velafrons* in den Monaten darauf.

Das Ende der Dinosaurier

Die Dinosaurier starben vor rund 66 Millionen Jahren aus, und etwa drei Viertel aller Tierarten der Erde wurden mit ihnen ausgelöscht. Wissenschaftlerinnen und Wissenschaftler nehmen an, dass dieses katastrophale Aussterben geschah, weil ein großer Asteroid aus dem Weltraum auf der Erde einschlug. Dieses Ereignis markiert das Ende der Kreidezeit.

Wissenschaftler können nicht mit Sicherheit sagen, was das Massenaussterben auslöste, aber sie wissen, dass vor etwa 66 Millionen Jahren ein Asteroid im Golf von Mexiko vor der nordamerikanischen Küste einschlug. Der Himmelskörper, 10 bis 15 km groß, wurde beim Auftreffen zerschlagen und hinterließ einen 180 km breiten Krater.

Der Aufprall erzeugte wohl hohe Wellen, die das Land überfluteten. Die Hitze der Explosion ließ Feuer ausbrechen; die aufwirbelnden Staubwolken ließen vermutlich bis zu ein Jahr lang kein Sonnenlicht mehr durch, was den Tod vieler Pflanzen bedeutete, die ja vom Sonnenlicht lebten. Ohne Pflanzen als Nahrung sind dann wahrscheinlich viele Pflanzenfresser gestorben, gefolgt von vielen der Fleischfresser, die sich wiederum von den Pflanzenfressern ernährten.

Nur sehr wenige der Tetrapoden, die über 25 kg wogen, überlebten, denn große Tiere, die ja mehr Nahrung brauchen, fanden sehr bald nichts mehr zu fressen. Tiere, die nur Fleisch oder nur Pflanzen fraßen, starben meist auch. Einige kleinere Tiere überlebten, weil sie Samen, Insekten, tote Tiere oder alles, was sie finden konnten, fraßen. Alle Dinosaurier wurden ausgelöscht, außer einige, die sich schon in Richtung Vögel entwickelt hatten (siehe S. 44–45).

Kleine Säugetiere wie *Kimbetopsalis* überlebten die Katastrophe, vermutlich weil ihre geringe Größe es ihnen ermöglichte, sich zu verstecken und auch genug zu essen zu finden.

Tod und Überleben

Mit den Dinosauriern starben auch die Pterosaurier und viele Meeresreptilien, darunter Plesio- und Mosasaurier, aus. Doch einige Reptilien überlebten, z. B. Krokodile, Schildkröten, Schlangen und Eidechsen, sowie einige Fische, Amphibien, Säugetiere, Insekten und andere Wirbellose.

Viele Froscharten, darunter *Xenopus*, überlebten. In den darauffolgenden Jahren breiteten sie sich aus und erschlossen sich neue Lebensräume, z. B. Bäume.

Was nach den Dinos kam

In den ersten paar Millionen Jahren nach dem Aussterben der Dinosaurier waren die meisten Tiere klein. Viele dieser Überlebenden waren selten gewesen, solange es an Land noch Dinosaurier und im Meer noch scharfzahnige Reptilien gab. Neue Tiere nahmen nun den Platz der Dinosaurier ein, obwohl auch sie irgendwann wieder ausstarben. Besonders Säugetiere füllten die Lücke, die die Dinos hinterließen; sie wurden langsam größer und vielfältiger.

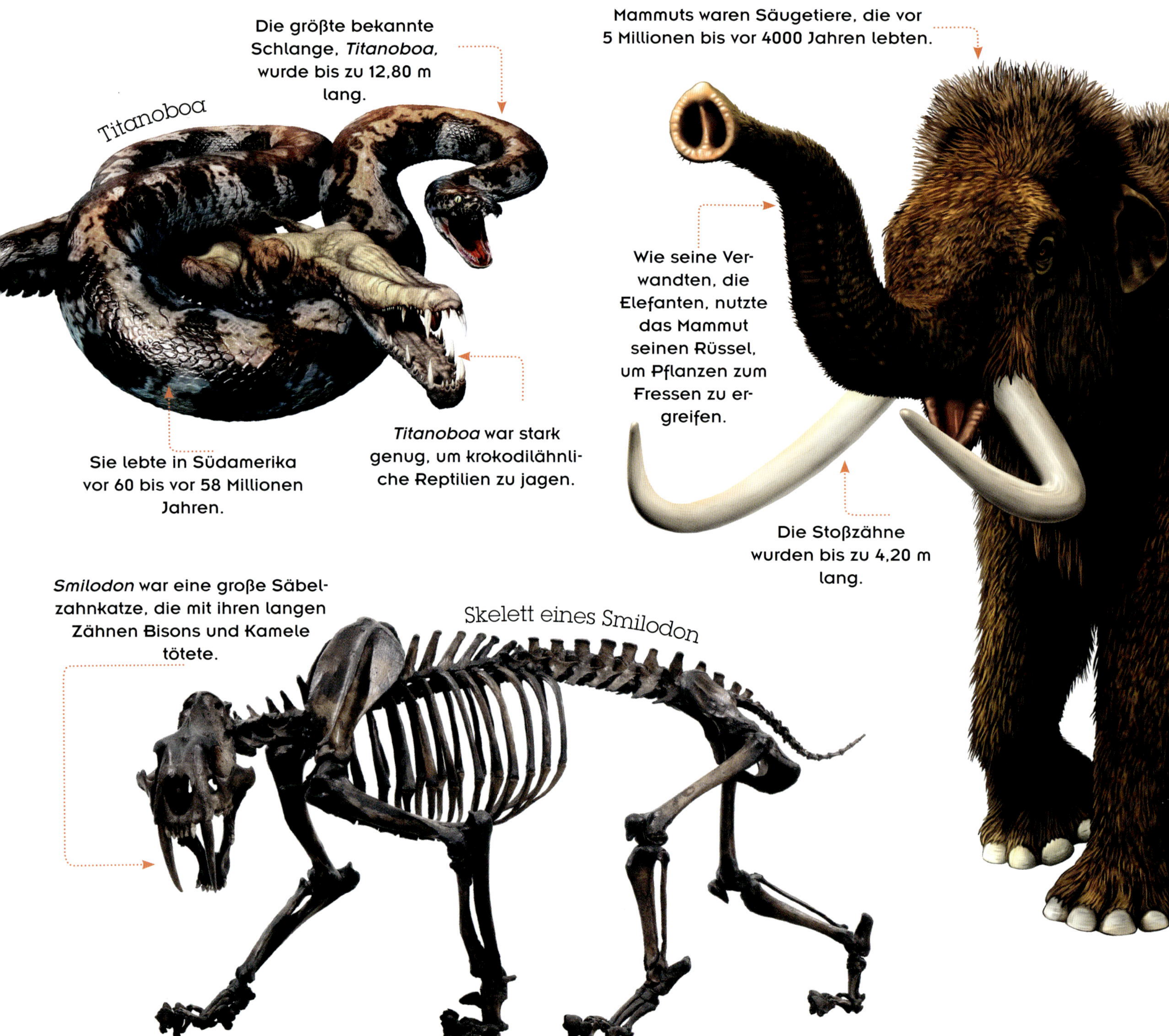

Die scharfen Zähne dieses ausgestorbenen Fisches waren 18 cm lang.

Megalodon war der größte Hai, der je gelebt hat. Möglicherweise wurde er bis zu 18 m lang.

Ihr dickes Fell hielt die Mammuts während der letzten Eiszeit warm. Damals war die Temperatur auf der Erde viel niedriger als heute.

Dieses pflanzenfressende Riesenfaultier lebte zwischen 5 Millionen und 12 000 Jahren vor unserer Zeit.

Megatherium war eines der größten bekannten Landsäugetiere; es wurde bis zu 6 m groß.

Mit dem riesigen gebogenen Schnabel knackte er wahrscheinlich Nüsse und Samen.

Dieser Vogel, der nicht fliegen konnte, wurde 2 m groß.

Wie Elefantenbabys blieben auch die kleinen Mammuts dicht bei ihrer Mutter.

ZEITSTRAHL DES LEBENS

Dinosaurier existierten über Millionen von Jahren, doch stellt ihre Zeit auf unserem Planeten nur einen kleinen Teil der langen Erdgeschichte dar. Setzt man die bisherigen 4,5 Milliarden Jahre der Erde mit einem 24-stündigen Tag gleich, existierten die Dinos für weniger als eine Stunde – und Menschen gibt es erst seit den letzten 7 Sekunden dieses „Tages".

Die Wissenschaft weiß nicht, warum die ersten lebenden Zellen in den Ozeanen der Erde entstanden. Nach diesem unerklärten Ereignis schritt die Evolution ca. 1,5 Milliarden Jahre lang sehr langsam voran, bevor etwas fast ebenso Erstaunliches geschah: Die ersten komplexen Zellen, Eukaryoten genannt, entwickelten sich. Alle Tiere und Pflanzen bestehen komplett aus Eukaryotenzellen.

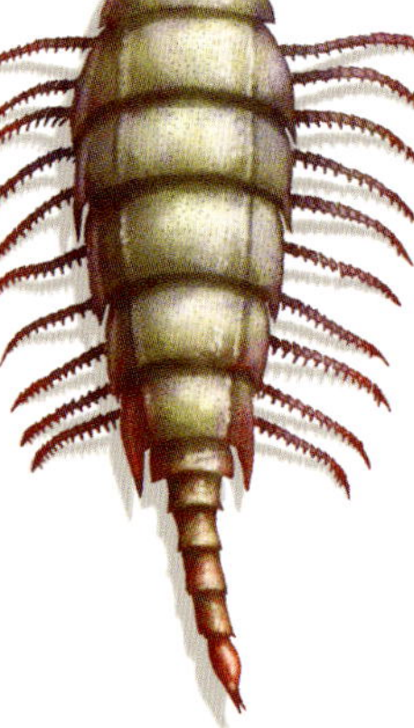

Vor 4,5 Milliarden Jahren: Die Erde bildet sich aus Staub und Gas.

Vor 2 Milliarden Jahren: Eukaryoten, Lebewesen mit komplexen Zellstrukturen, entwickeln sich.

Vor 665 Millionen Jahren: Die ersten Tiere, einfache Wirbellose, entwickeln sich.

Vor 500 Millionen Jahren: Wirbellose sind vielleicht die ersten Tiere, die an Land krabbeln.

5 | 4 | 3 | 2 | 1 | 0,6 | 0,5

Milliarden Jahre vor unserer Zeit

Lücken im Zeitstrahl bedeuten eine Änderung des Maßstabs.

Vor 3,5 Milliarden Jahren: Die ersten Archaeen erscheinen im Ozean.

Vor 900 Millionen Jahren: Lebewesen aus mehr als einer Zelle erscheinen.

Vor 520 Millionen Jahren: Fischähnliche Conodonten, frühe Vorfahren der Wirbeltiere, erscheinen.

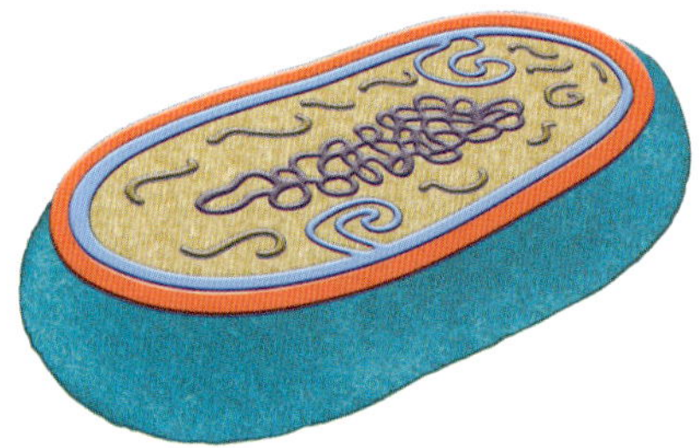

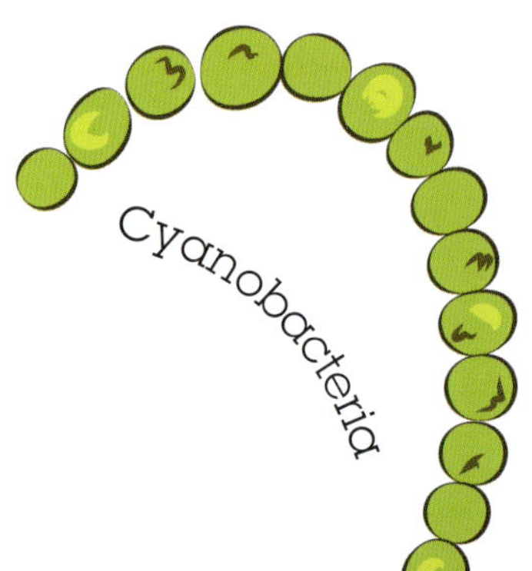

Menschen entstanden sehr spät in der Erdgeschichte, erst vor etwa 350.000 Jahren. Unsere Art begann sich vor 4 bis 7 Millionen Jahren aus Menschenaffen (Hominiden) zu entwickeln, die zur Säugetierfamilie der Primaten gehörten. Heute beherrschen wir die Erde, genau wie damals die Dinosaurier. In der kurzen Zeit, die wir Menschen auf der Erde sind, haben wir sie stark verändert, unter anderem durch die Landwirtschaft, die Industrie und das Bauen großer Städte.

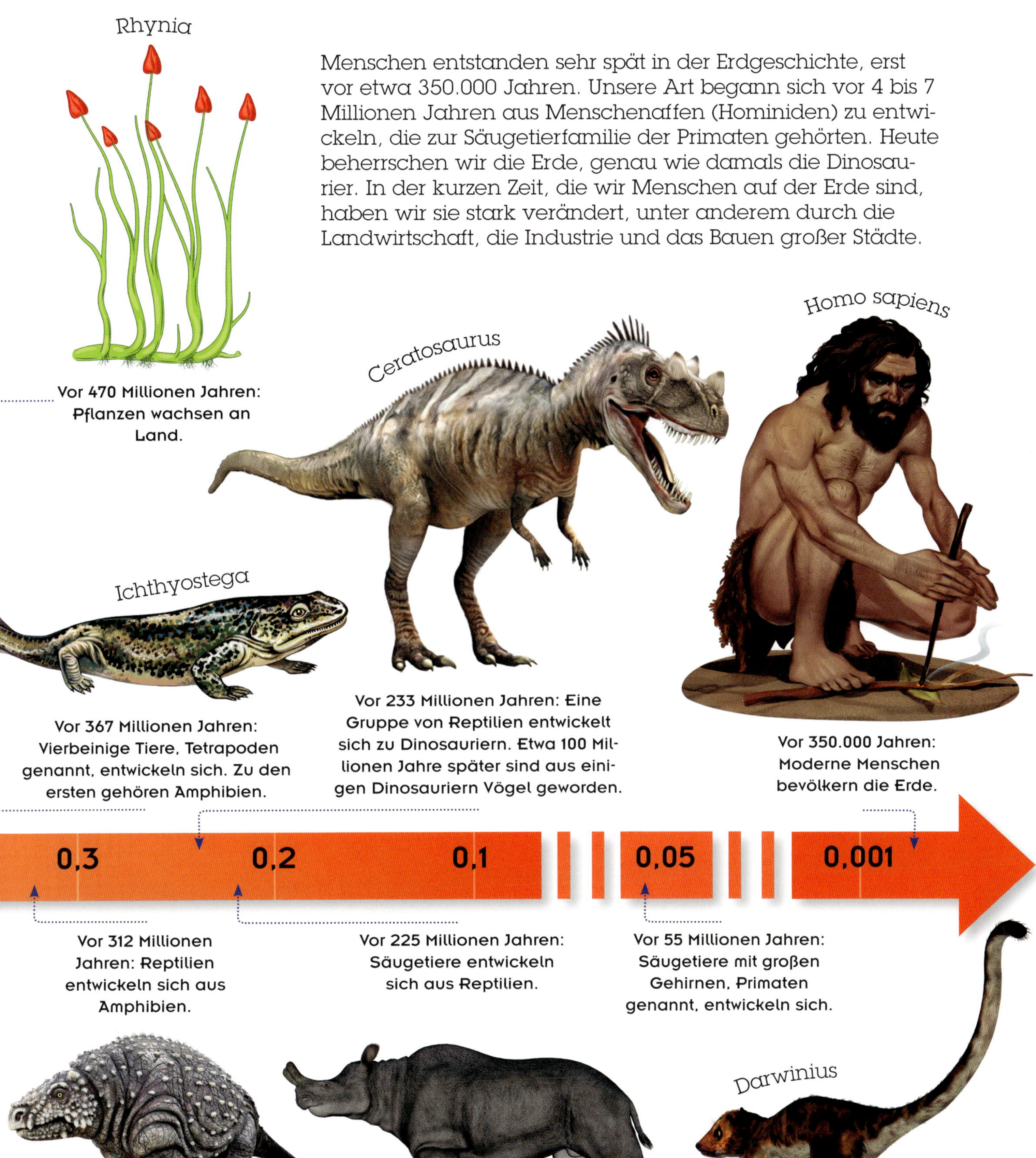

Vor 470 Millionen Jahren: Pflanzen wachsen an Land.

Vor 367 Millionen Jahren: Vierbeinige Tiere, Tetrapoden genannt, entwickeln sich. Zu den ersten gehören Amphibien.

Vor 233 Millionen Jahren: Eine Gruppe von Reptilien entwickelt sich zu Dinosauriern. Etwa 100 Millionen Jahre später sind aus einigen Dinosauriern Vögel geworden.

Vor 350.000 Jahren: Moderne Menschen bevölkern die Erde.

Vor 312 Millionen Jahren: Reptilien entwickeln sich aus Amphibien.

Vor 225 Millionen Jahren: Säugetiere entwickeln sich aus Reptilien.

Vor 55 Millionen Jahren: Säugetiere mit großen Gehirnen, Primaten genannt, entwickeln sich.

THEROPODA

Die größten Fleischfresser, die je die Erde bevölkerten, waren Theropoda, eine Gruppe von Dinosauriern, die sich im Obertrias vor etwa 231 Millionen Jahren entwickelte. Die meisten Theropoden liefen auf kräftigen Hinterbeinen und nutzten ihre kürzeren vorderen Extremitäten zum Greifen oder um Feinde zu verwunden.

Fast alle fleischfressenden Dinosaurier waren Theropoden, aber nicht alle Theropoden waren Fleischfresser. Die frühen Theropoden fraßen alle Fleisch, aber über Millionen von Jahren entwickelten sich manche zu Pflanzen-, Fisch- oder Insektenfressern.

Die Größe von Theropoden reichte vom *Anchiornis*, der nur 34 cm lang war, bis zum *Spinosaurus*, der eine Länge von 18 m erreichte. Es gab mehrere Untergruppen. Viele der größten Theropoden, darunter *Giganotosaurus* und *Carcharodontosaurus*, gehörten zur Carnosauria-Untergruppe.

Eine weitere Untergruppe waren die Coelurosauria, zu denen der straußartige *Ornithomimus* und der kämpferische *Tyrannosaurus* gehörten. Kleinere Coelurosaurier hatten Federn, andere Theropoden vermutlich nur an einigen Körperstellen, der Rest war von kleinen, knöchernen Schuppen bedeckt.

Obwohl die meisten Theropoden vor 66 Millionen Jahren ausgelöscht wurden, leben einige Coelurosaurier noch heute: Vögel stammen von kleinen Coelurosauriern ab, die Flügel entwickelt hatten.

Der *Giganotosaurus* lebte vor etwa 98 Millionen Jahren. Er wurde bis zu 13 m lang.

Theropoden-Skelette

Theropoden waren Saurischia (Echsenbecken-saurier). Wie die heutigen Vögel hatten sie hohle Knochen. Ihr Name stammt aus dem Altgriechischen und bedeutet „tierfüßig", aber ihre Füße ähnelten eher denen von Vögeln als Löwen- oder Bärenfüßen. Die meisten hatten je drei Hauptzehen und drei Hauptfinger.

Wie die meisten Theropoden hatte *Ornithomimus* drei Zehen und Finger. Dieser späte Theropode besaß jedoch keine Zähne. Pflanzen und kleine Tiere schnappte er sich mit seinem scharfen Schnabel.

Carcharodontosaurus (links) und *Spinosaurus* waren nordafrikanische Theropoden, beide zu groß und zu gefährlich, um von kleineren Tieren angegriffen zu werden.

Ein junger *Coelophysis* holt sich einen Fisch aus dem Fluss und hält ihn fest zwischen seine langen Kiefer geklemmt.

Coelophysoiden

Coelophysoiden waren flinke Läufer mit leichten Knochen und kleinen, schlanken Körpern. Mit ihren vorderen Extremitäten ergriffen sie ihre Beute. Coelophysoiden waren frühe Theropoden, die sich in der Oberen Trias entwickelten. Die Familie ist nach dem Dinosaurier *Coelophysis* benannt, der erstmals 1881 in der Wüste im Südwesten der USA gefunden wurde.

Coelophysoiden hatten große Augen, die nach vorn zeigten – wie bei heutigen Raubvögeln. Wie diese Vögel konnten vermutlich auch die Coelophysoiden ihre Beute schon von Weitem erspähen.

Diese Dinosaurier hatten sehr scharfe, nach hinten gekrümmte Zähne mit gezackten Rändern, um Fleisch gut beißen zu können. Die meisten jagten Echsen und andere Landtiere, die viel kleiner waren als sie selbst. Fossilien zeigen uns jedoch, dass die Zähne eines jungen *Coelophysis* horizontale Rillen hatten, was beim Fangen von glitschigen Fischen sicher hilfreich war. Die Zähne änderten ihre Form, wenn *Coelophysis* älter wurde – vermutlich änderte sich dann auch seine Nahrung.

Man hat die Knochen großer Coelophysoiden-Gruppen zusammen gefunden; daher glauben manche Paläontologen, dass sie in Herden gelebt und gejagt haben. Andere meinen, sie seien vielleicht einfach nur gleichzeitig von einer Naturkatastrophe erwischt worden, sodass sie nebeneinander begraben wurden.

Camposaurus lebte vor etwa 220 Millionen Jahren in den heutigen USA.

Familie:	Coelophysoidae
Lebensräume:	Nordamerika, Südamerika, Europa, Asien und Afrika
Zeitraum:	Obere Trias bis Unterjura, vor 220–183 Millionen Jahren
Größenbereich:	1–3 m lang

Procompsognathus

Coelophysis

Compsognathiden

Diese Theropoden gehören zu den kleinsten je entdeckten Dinosauriern. Compsognathiden waren schnelle Jäger kleiner Tiere wie Eidechsen und Insekten. Fossilisierte Compsognathidenmägen zeigen, dass sie ihre Beute manchmal im Ganzen verschluckten. Die langen Schwänze dieser Dinosaurier dienten dazu, bei schnellen Drehungen und Sprüngen die Balance zu halten.

Fossilien zeigen, dass einige Mitglieder der Compsognathidenfamilie Federn hatten, neben Schuppen an Hinterbeinen oder Schwänzen. Federn und Schuppen sind aus dem gleichen Material – Keratin –, aus dem auch unsere Haare und Nägel bestehen. Compsognathiden gehörten wahrscheinlich zu den frühesten Dinosauriern mit Federn. Vor dieser Entwicklung hatten alle Dinosaurier einfach nur Schuppen. Federn entwickelten sie vielleicht deshalb, weil sie warm hielten. Diese frühen Federn waren simpler als die langen, verzweigten Federn der heutigen Vögel.

Die Familie ist nach dem Dinosaurier *Compsognathus* benannt, der 1859 entdeckt wurde. Er heißt so wegen seiner langen, spitzen Schnauze (altgriechisch „zierlicher Kiefer"). Bisher fand man keine Fossilien, die zeigen, dass *Compsognathus* wie einige seiner Verwandten Federn hatte. Das kann aber auch daran liegen, dass Federn nur in bestimmten Gesteinsarten fossilisiert werden, sodass wir generell nicht viele Beweise für Federn haben.

Beim *Sinosauropteryx* war ein Großteil des Körpers von simplen Federn bedeckt, der Rest von Schuppen. 1996 war ein *Sinosauropteryx*-Fossil eines der ersten gefundenen Dinosaurierfossilien, das Federn aufwies.

Familie:	Compsognathidae
Lebensräume:	Südamerika, Europa und Asien
Zeitraum:	Oberjura bis Unterkreide, vor 151,5–108 Millionen Jahren
Größenbereich:	0,75–1,80 m lang

Juravenator

Huaxiagnathus

Compsognathus lebte auch auf sonnigen Inseln im Tethys-Meer, wo er trotz seiner geringen Größe vielleicht sogar eines der größten Raubtiere war.

Spinosaurier

Diese großen Raubtiere hatten krokodilähnliche Kiefer voller scharfer Zähne. Wie Krokodile konnten einige Spinosaurier sowohl an Land gehen als auch in Flüssen, Seen und seichten Meeren schwimmen. Ihre Beute reichte von Fischen bis zu anderen Dinosauriern und fliegenden Reptilien. Anders als bei den meisten Theropoden waren die vorderen Extremitäten der Spinosaurier groß und kräftig, sodass sie möglicherweise auf vier Beinen gelaufen sind.

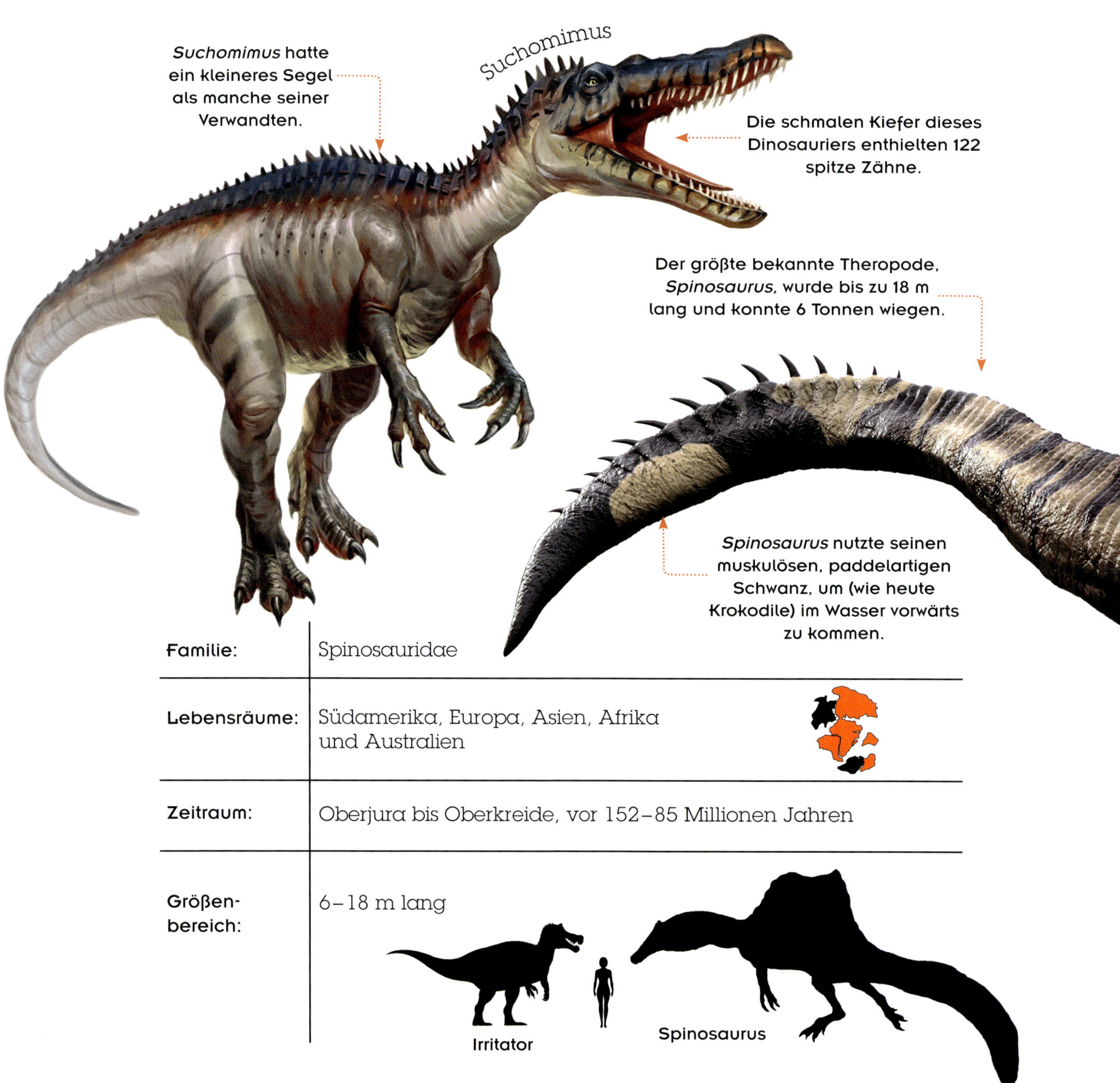

Familie:	Spinosauridae
Lebensräume:	Südamerika, Europa, Asien, Afrika und Australien
Zeitraum:	Oberjura bis Oberkreide, vor 152–85 Millionen Jahren
Größenbereich:	6–18 m lang

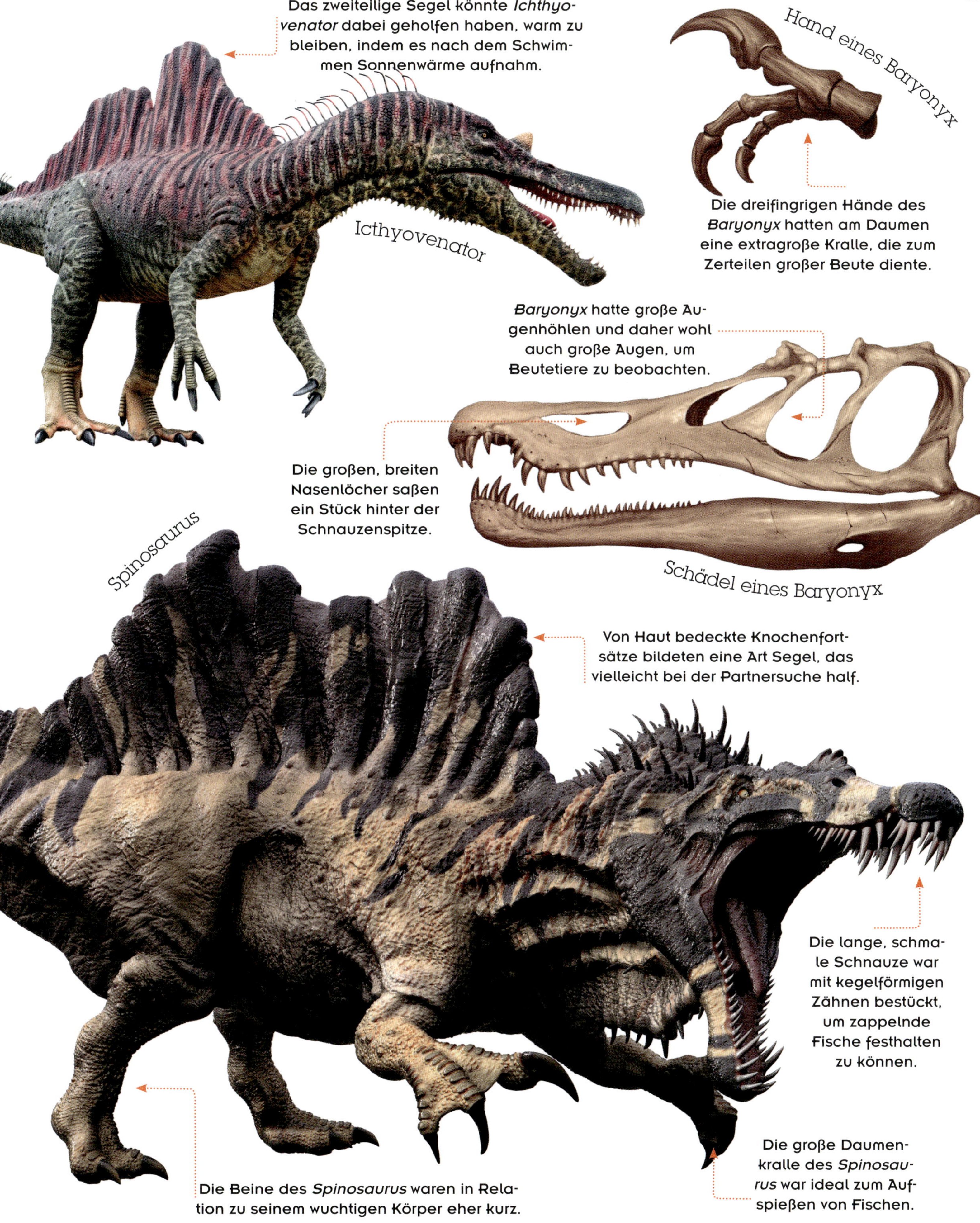
Das zweiteilige Segel könnte *Ichthyovenator* dabei geholfen haben, warm zu bleiben, indem es nach dem Schwimmen Sonnenwärme aufnahm.
Icthyovenator
Hand eines Baryonyx
Die dreifingrigen Hände des *Baryonyx* hatten am Daumen eine extragroße Kralle, die zum Zerteilen großer Beute diente.
Baryonyx hatte große Augenhöhlen und daher wohl auch große Augen, um Beutetiere zu beobachten.
Die großen, breiten Nasenlöcher saßen ein Stück hinter der Schnauzenspitze.
Schädel eines Baryonyx
Spinosaurus
Von Haut bedeckte Knochenfortsätze bildeten eine Art Segel, das vielleicht bei der Partnersuche half.
Die lange, schmale Schnauze war mit kegelförmigen Zähnen bestückt, um zappelnde Fische festhalten zu können.
Die große Daumenkralle des *Spinosaurus* war ideal zum Aufspießen von Fischen.
Die Beine des *Spinosaurus* waren in Relation zu seinem wuchtigen Körper eher kurz.

DINOSAURIERKOST

Die frühesten Dinosaurier waren Fleischfresser (Karnivoren). Über Millionen von Jahren wurden manche dann zu Pflanzenfressern (Herbivoren) oder fraßen alles, was sie fanden (Allesfresser/Omnivoren). Etwa zwei Drittel aller Dinos waren Pflanzenfresser. Auch heute gibt es weniger fleisch- als pflanzenfressende Tiere und außerdem weniger Pflanzenfresser als Pflanzen – es sollte also für alle genug zu essen geben!

Paläontologen haben Dinosaurierzähne und -kiefer mit denen heutiger Tiere, z.B. fleischfressender Löwen und pflanzenfressender Hirsche, verglichen. Sie glauben, dass Tiere mit ähnlich geformten Zähnen auch ähnliche Dinge fraßen. Wie Löwen hatten fleischfressende Dinosaurier große, kräftige Kiefer und scharfe Zähne. Wie heutige Pflanzenfresser hatten pflanzenfressende Dinos Zähne, die zu den jeweiligen Pflanzen, die sie fraßen, passten – ob weiche Blätter oder harte Stängel. Einige Dinos hatten gar keine Zähne; sie schnappten sich Pflanzen oder kleine Tiere mit harten, schnabelartigen Kiefern.

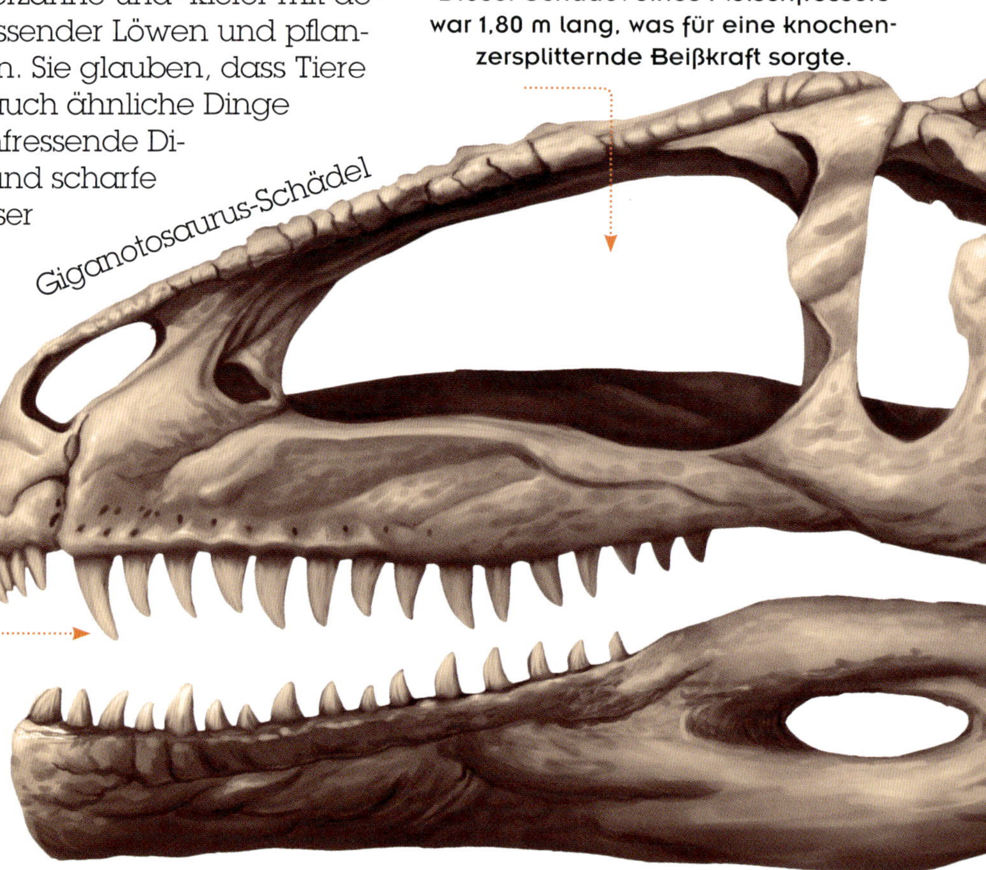

Giganotosaurus-Schädel

Dieser Schädel eines Fleischfressers war 1,80 m lang, was für eine knochenzersplitternde Beißkraft sorgte.

Die dolchartigen Zähne von Fleischfressern wie *Giganotosaurus* schnitten die Knochen anderer Dinos glatt durch.

Zähne von Pflanzenfressern

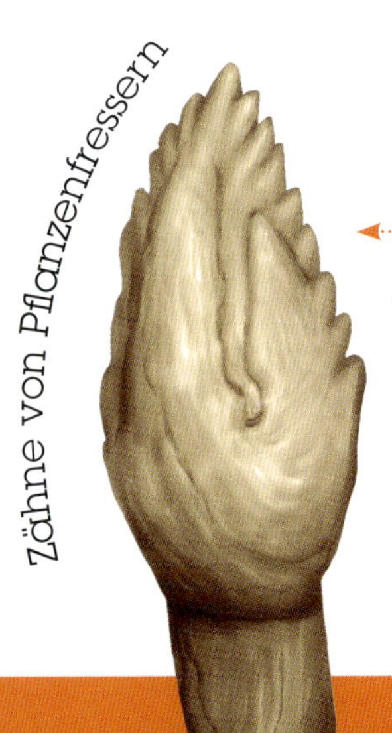

Der Sauropode *Rebbachisaurus* besaß blattförmige Zähne, um weiche Pflanzen wie Farne zu kauen.

Der Sauropode *Camarasaurus* besaß löffelförmige Zähne, um Blätter von Stängeln abzustreifen.

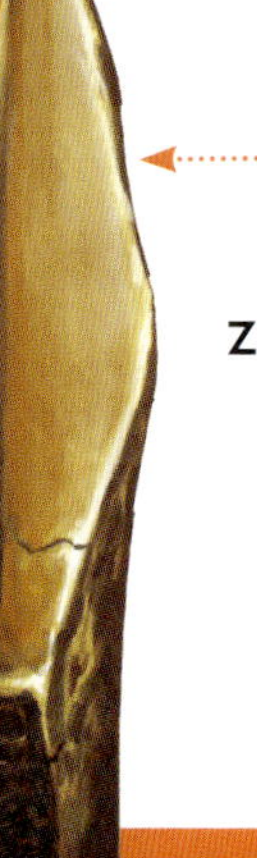

Iguanodon-Zähne konnten Blätter und Zweige zermahlen.

Man hat einige wenige fossilisierte Dinosauriermägen gefunden. Diese können uns genau sagen, was der Dino fraß und ob er seine Nahrung kaute oder im Ganzen verschlang. Auch fossilisierter Dinosaurierkot (Koprolithen) enthält Fragmente der Dinosauriernahrung. Es ist nicht so leicht, einen Koprolithen dem Dino zuzuordnen, der ihn ausgeschieden hat, aber Größe, Form und Fundort des Dinohaufens geben Hinweise.

Im Nordamerika der Jurazeit wird ein *Diplodocus* von einer hungrigen *Allosaurus*-Meute angegriffen.

Allosaurier

Die Zähne der Allosaurier hatten Sägekanten. Mit ihnen schnitten sie Fleischbrocken aus ihrer Beute heraus, oft so heftig, dass ihre Zähne dabei herausbrachen. Bis zum Erscheinen der Tyrannosaurier etwa 75 Millionen Jahre später waren die Allosaurier die größten und tödlichsten Raubsaurier Nordamerikas. Sie gehörten zur Gruppe der Carnosauria.

Oft hat man die Überreste mehrerer Allosaurier nebeneinander gefunden, was nahelegt, dass diese Dinosaurier zusammen jagten, besonders, wenn sie so riesige Beute wie den *Diplodocus* erlegen wollten. Doch haben manche Allosaurierfossilien Bissspuren ihrer Artgenossen an den Schädeln. Daher denken manche Paläontologen, dass Allosaurier zu aggressiv waren, um zusammenzuarbeiten.

Allosaurier hatten über jedem Auge einen Höcker sowie Wülste zu beiden Seiten der Nase. Wie bei heutigen Tieren mit Hörnern oder Geweih könnten diese Merkmale dem Anlocken von Partnern gedient haben.

Trotz ihrer großen Schädel könnten Allosaurier schwächere Kiefernmuskeln und Beißkraft gehabt haben als heutige Krokodile und Löwen. Vermutlich stießen sie ihre schmalen Kiefer in die Beute hinein und rissen das Fleisch dann mit zusammengebissenen Zähnen heraus. Wahrscheinlich jagten sie nicht nur lebende Tiere, sondern fraßen auch tote, wenn sie welche fanden.

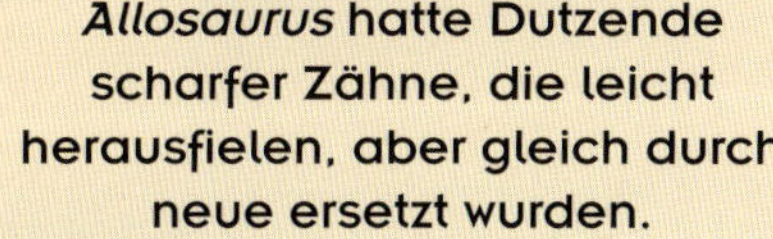

Allosaurus hatte Dutzende scharfer Zähne, die leicht herausfielen, aber gleich durch neue ersetzt wurden.

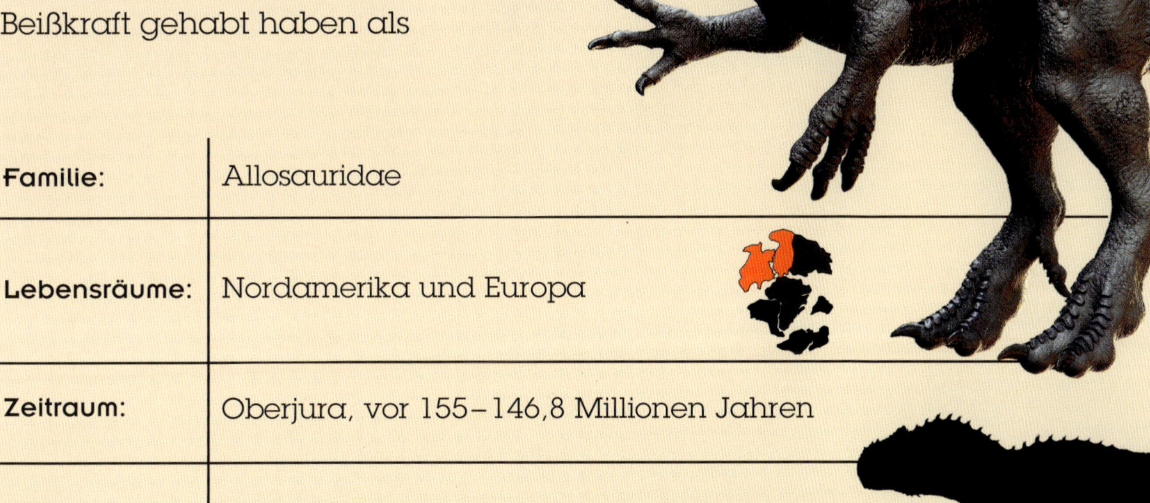

Saurophaganax war ein mächtiger Räuber, der auf seinen kräftigen Hinterbeinen lief und sein Körpergewicht mit dem langen, muskulösen Schwanz ausbalancierte.

Familie:	Allosauridae
Lebensräume:	Nordamerika und Europa
Zeitraum:	Oberjura, vor 155–146,8 Millionen Jahren
Größenbereich:	8–13 m lang

Allosaurus

Saurophaganax

Dromaeosaurier

Dromaeosaurier waren von Federn bedeckt – flaumige, kurze Federn am Körper, längere Federn an den Armen und am Schwanz. Diese Dinosaurier hatten längere Arme als die meisten anderen Theropoden. Manche Dromaeosaurier konnten ihre Arme wie Flügel an den Körper falten. Einige haben diese „Flügel" vielleicht sogar benutzt, um von Ästen hinabzugleiten oder sich flatternd einen Moment in der Luft zu halten.

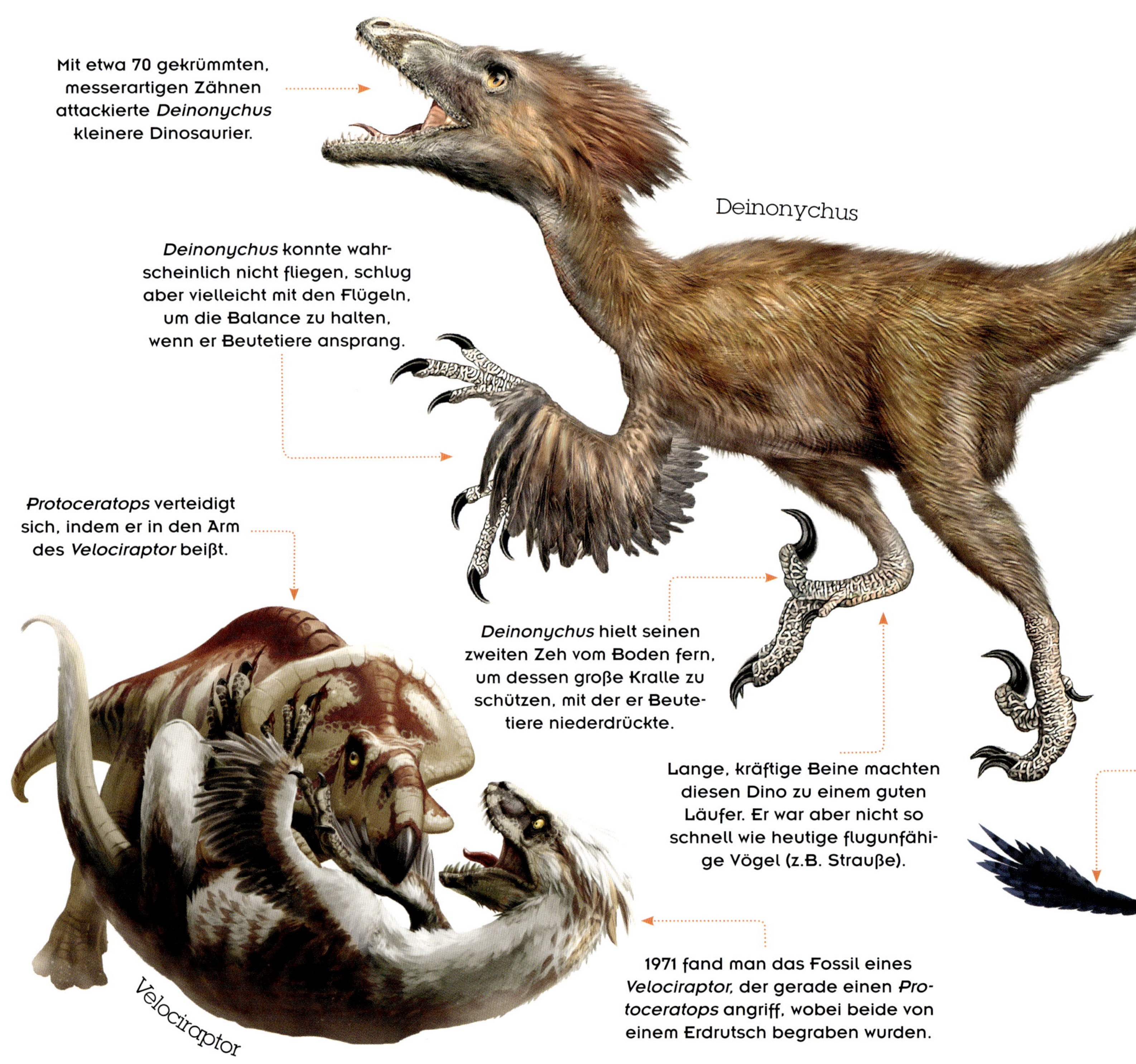

Mit etwa 70 gekrümmten, messerartigen Zähnen attackierte *Deinonychus* kleinere Dinosaurier.

Deinonychus konnte wahrscheinlich nicht fliegen, schlug aber vielleicht mit den Flügeln, um die Balance zu halten, wenn er Beutetiere ansprang.

Protoceratops verteidigt sich, indem er in den Arm des *Velociraptor* beißt.

Deinonychus hielt seinen zweiten Zeh vom Boden fern, um dessen große Kralle zu schützen, mit der er Beutetiere niederdrückte.

Lange, kräftige Beine machten diesen Dino zu einem guten Läufer. Er war aber nicht so schnell wie heutige flugunfähige Vögel (z.B. Strauße).

1971 fand man das Fossil eines *Velociraptor*, der gerade einen *Protoceratops* angriff, wobei beide von einem Erdrutsch begraben wurden.

Familie:	Dromaeosauridae
Lebensräume:	Nordamerika, Südamerika, Europa, Asien, Afrika, Australien und Antarktika
Zeitraum:	Unter- bis Oberkreide, vor 143–66 Millionen Jahren
Größenbereich:	0,70–7 m lang

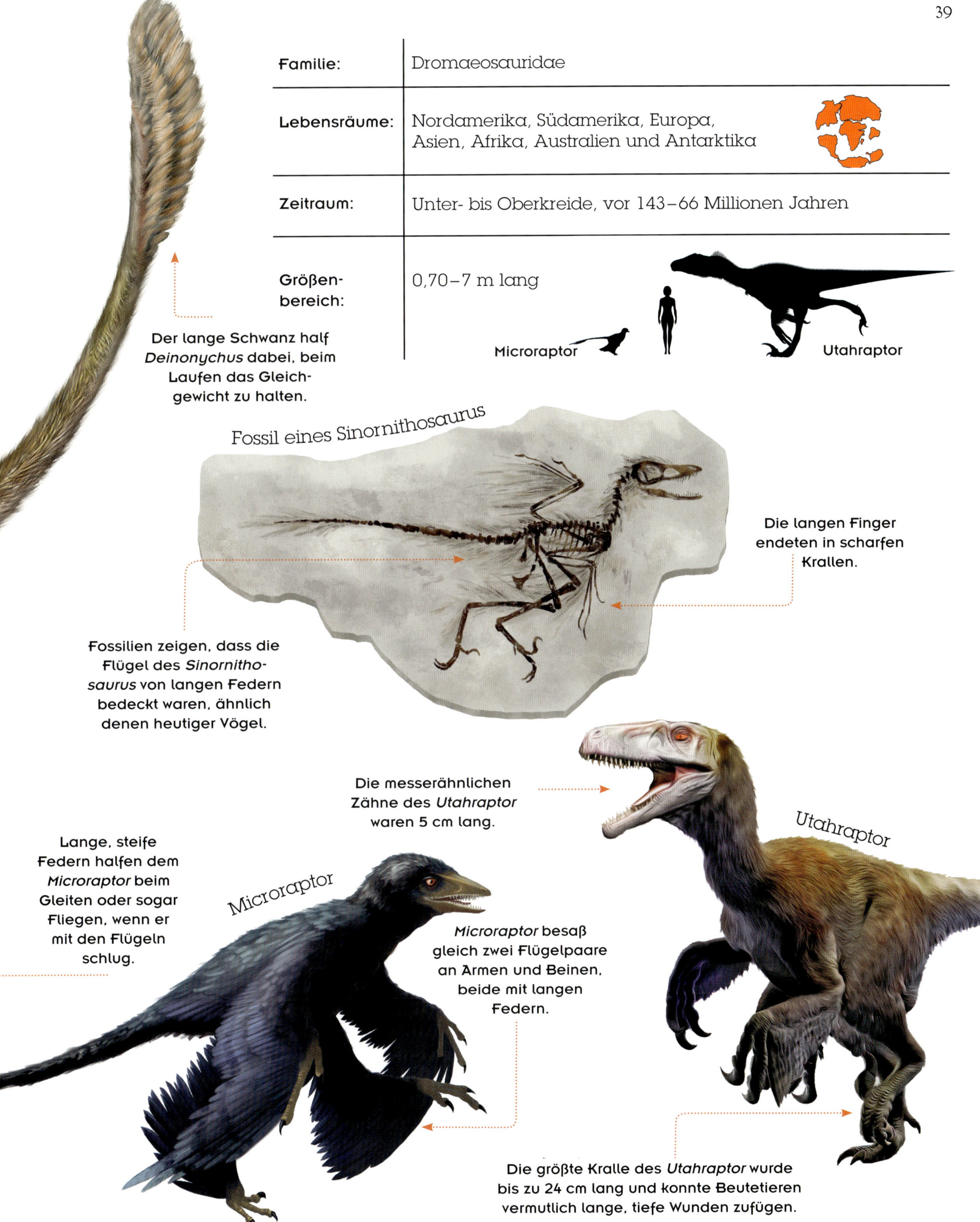

Der lange Schwanz half *Deinonychus* dabei, beim Laufen das Gleichgewicht zu halten.

Die langen Finger endeten in scharfen Krallen.

Fossilien zeigen, dass die Flügel des *Sinornithosaurus* von langen Federn bedeckt waren, ähnlich denen heutiger Vögel.

Die messerähnlichen Zähne des *Utahraptor* waren 5 cm lang.

Lange, steife Federn halfen dem *Microraptor* beim Gleiten oder sogar Fliegen, wenn er mit den Flügeln schlug.

Microraptor besaß gleich zwei Flügelpaare an Armen und Beinen, beide mit langen Federn.

Die größte Kralle des *Utahraptor* wurde bis zu 24 cm lang und konnte Beutetieren vermutlich lange, tiefe Wunden zufügen.

Tyrannosaurus rex lebte vor 68–66 Millionen Jahren und wog bis zu 14 Tonnen – ein wenig mehr als ein *Triceratops* (links) und doppelt so viel wie ein heutiger Elefant.

TYRANNOSAURIER

Tyrannosaurier besaßen gewaltige Schädel mit bis zu 70 langen, spitzen Zähnen. Sie liefen aufrecht auf kräftigen Hinterbeinen. Die meisten Tyrannosaurier waren die größten Fleischfresser ihrer Umgebung, daher hatten wohl nur kranke, ganz junge oder alte Tiere Angriffe zu befürchten. Der imposanteste von allen war *Tyrannosaurus rex*, einer der größten Fleischfresser, die je gelebt haben.

Viele Wissenschaftler meinen, Tyrannosaurier seien sowohl Jäger als auch Aasfresser gewesen. Auch einige der heutigen großen Fleischfresser wie Löwen halten es so: Sie jagen, fressen aber auch tote oder sterbende Tiere. *Tyrannosaurus rex* musste oft fressen, daher fraß er vermutlich alle Tiere, die ihm begegneten, ob lebendig oder tot.

Tyrannosaurier dürften etwa 15 bis 30 km/h schnell gelaufen sein – viel langsamer als kleinere, leichtere Theropoden wie Dromaeosaurier, aber schnell genug, um langsame Pflanzenfresser wie Ceratopsiden zu erwischen.

Im Vergleich zu seiner Körpergröße waren die vorderen Extremitäten eines Tyrannosaurus sehr kurz. Doch diese „Ärmchen" hatten zwei teuflisch scharfe Klauen. Tyrannosaurier verletzten die Beute womöglich damit, während sie sie zwischen ihren Kiefern festhielten.

Bissspuren auf Fossilien beweisen, dass Tyrannosaurier manchmal gegeneinander kämpften. Jungtiere könnten sich spielerisch im Kampf geübt, ältere Tyrannosaurier sich vielleicht bis zum Tod bekämpft haben.

Familie:	Tyrannosauridae
Lebensräume:	Nordamerika, Europa, Asien
Zeitraum:	Oberkreide, vor 81–66 Millionen Jahren
Größenbereich:	9–12 m lang

Der Schädel eines *Tyrannosaurus rex* war bis zu 1,50 m lang, seine Klauen bis zu 22 cm.

Therizinosaurier

Diese Dinosaurier sind nach den altgriechischen Wörtern *therizo* („mit der Sense mähen") und *sauros* („Echse") benannt – wegen der gigantischen gekrümmten Krallen an ihren Händen: *Therizinosaurus* hatte die längsten bisher bekannten Krallen aller Tiere, die je gelebt haben; sie wurden bis zu 1 m lang. Doch haben die Therizinosaurier sie wohl nicht zum Jagen anderer Tiere eingesetzt, denn sie waren wahrscheinlich Pflanzenfresser.

Therizinosaurier hatten viel längere und biegsamere Arme als andere Theropoden. Paläontologen glauben, sie könnten ihre Arme und die langen Krallen dazu benutzt haben, hoch hängende Äste an sich heranzuziehen, um die Blätter fressen zu können. Auch ihre langen Hälse halfen ihnen dabei, von hohen Bäumen zu fressen. So konkurrierten die Therizinosaurier nicht mit den meisten anderen Pflanzenfressern um Nahrung.

Auch wenn sie ihre Krallen nicht für Angriffe nutzten, dürften diese nützlich gewesen sein, um sich gegen bösere Theropoden zu verteidigen. Möglicherweise sollten sie auch Partner anlocken – je länger sie waren, desto beliebter.

Anders als die meisten Dinosaurier besaßen Therizinosaurier ähnliche Ohren wie heutige Vögel, mit denen sie höhere Töne hören und bestimmen konnten, aus welcher Richtung ein Geräusch kam. Das war sicher praktisch, um die Schreie ihrer Jungen oder das Herannahen von Raubsauriern zu hören.

Beipiaosaurus war ein früher Therizinosaurier. Sein Körper war mit flaumigen, kurzen Federn bedeckt; längere Federn wuchsen an Armen und Schwanz.

Familie:	Therizinosauridae
Lebensräume:	Nordamerika, Europa, Asien und Afrika
Zeitraum:	Oberkreide, vor 94–66 Millionen Jahren
Größenbereich:	2,30–10 m lang

Neimongosaurus

Therizinosaurus

Therizinosaurus hatte ein kräftiges, schnabelartiges Maul, um Blätter abzufressen, sowie blattförmige Zähne zum Kauen.

EVOLUTION DER VÖGEL

Heute gibt es rund 10.000 Vogelarten – von pflanzenfressenden Tauben bis zu fleischfressenden Adlern. All diese Vögel sind Nachfahren von Theropoden-Dinosauriern. Über Millionen von Jahren entwickelten einige Dinos immer mehr vogelähnliche Merkmale: kleinere Körper, Federn, zahnlose Schnäbel und lange Arme, die wie Flügel flattern konnten.

Vor 160 Millionen Jahren begannen einige kleine, langarmige, gefiederte Coelurosaurus-Theropoden, auf Bäume zu klettern, um sich vor Räubern zu verstecken oder Blätter und Insekten zu fressen, die vom Boden aus nicht erreichbar waren. Irgendwann waren manche dieser Dinos in der Lage, von Bäumen herabzugleiten, indem sie ihre gefiederten Arme ausbreiteten. Und schließlich konnten die vogelähnlichen Dinos mit den Flügeln schlagen, um weitere Strecken zu fliegen. Vor 130 Millionen Jahren erhoben sich dann die ersten echten Vögel in den Himmel.

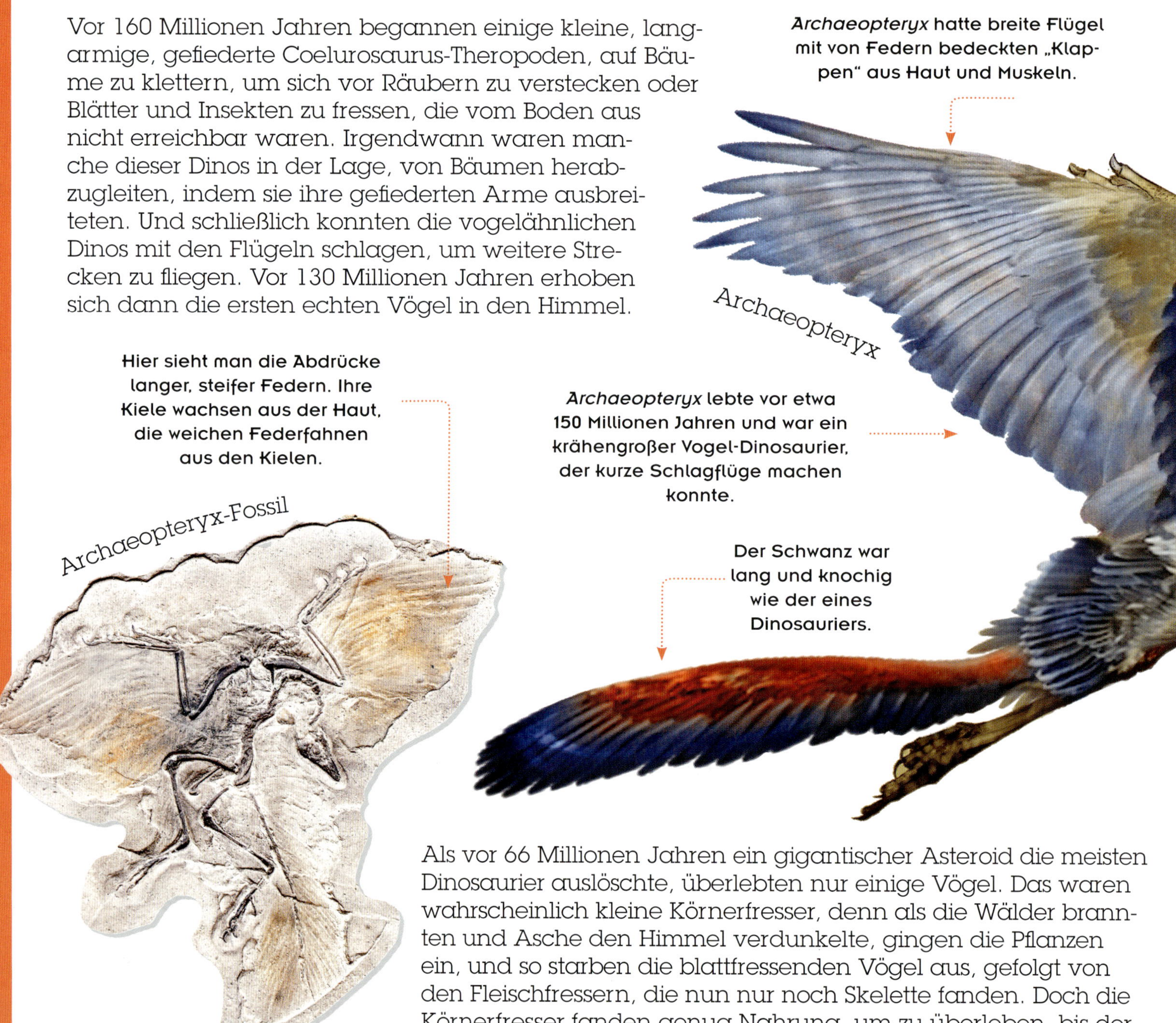

Als vor 66 Millionen Jahren ein gigantischer Asteroid die meisten Dinosaurier auslöschte, überlebten nur einige Vögel. Das waren wahrscheinlich kleine Körnerfresser, denn als die Wälder brannten und Asche den Himmel verdunkelte, gingen die Pflanzen ein, und so starben die blattfressenden Vögel aus, gefolgt von den Fleischfressern, die nun nur noch Skelette fanden. Doch die Körnerfresser fanden genug Nahrung, um zu überleben, bis der Himmel aufklarte und wieder Pflanzen wuchsen.

Vor etwa 160 Millionen Jahren lebte *Anchiornis*, ein vogelähnlicher Theropoden-Dinosaurier, der wahrscheinlich nicht fliegen konnte.

Paläontologen sind sich nicht einig, ob *Caudipteryx* ein flugunfähiger Vogel wie der heutige Strauß oder aber ein Theropoden-Dinosaurier war.

Die Finger endeten in Klauen, ein Merkmal, das heutigen Vögeln verloren gegangen ist.

Wie die meisten Dinosaurier, aber anders als heutige Vögel hatte *Archaeopteryx* Zähne.

Caudipteryx lebte vor etwa 125 Millionen Jahren.

Iberomesornis, der vor etwa 125 Millionen Jahren lebte, besaß noch eine einzelne Klaue an jedem Flügel, hatte aber schon einen kürzeren, vogelähnlicheren Schwanz.

Diesen Vogel hat man *Iberomesornis* („spanischer dazwischenliegender Vogel“) genannt, weil seine Körperform auf halber Strecke zwischen *Archaeopteryx* und heutigen Vögeln liegt. Das erste Fossil wurde in Spanien entdeckt.

SAUROPODOMORPHA

Sauropodomorpha waren Pflanzenfresser mit langen Hälsen und Schwänzen. Frühe Sauropodomorpha waren klein und schlank, doch wurden diese Dinosaurier über Millionen von Jahren immer größer und schwerer, bis sie schließlich größer waren als jedes andere Landtier, das je gelebt hat.

Vor etwa 231 Millionen Jahren waren die ersten Sauropodomorpha leicht genug, um nur auf den Hinterbeinen zu laufen. Vielleicht waren sie Allesfresser, fraßen also sowohl Pflanzen als auch kleine Tiere. Ihre Vorfahren hatten Millionen Jahre zuvor noch ausschließlich Fleisch gefressen. Tatsächlich teilen sich die Sauropodomorpha ihre fleischfressenden Vorfahren mit so kämpferischen Theropoden wie dem Tyrannosaurus. Denn wie Theropoden waren auch die Sauropodomorpha Echsenbeckensaurier (Saurischia).

Als sich die Sauropodomorpha mit der Zeit zu reinen Pflanzenfressern entwickelten, wurden sie größer und ihre Hälse länger und länger. Die Hälse ermöglichten es ihnen, an hohe oder schwer zu erreichende Pflanzen heranzukommen – so standen sie nicht in Konkurrenz zu den kleineren Pflanzenfressern. Ihre riesige Größe schützte sie vor allen Fleischfressern außer den allergrößten.

Wie heutige große Tiere (z. B. Elefanten) waren Sauropodomorpha nun viel zu schwer, um sich nur auf ihren Hinterbeinen zu halten. Sie liefen langsam auf vier stämmigen Beinen; ihre langen Schwänze dienten als Gegengewicht zu den langen Hälsen.

Plateosaurus lebte vor etwa 214–204 Millionen Jahren – ein kleiner, früher Sauropodomorph, der auf den Hinterbeinen lief.

Die Hälse der Sauropodomorpha

Die Hälse der Sauropodomorpha konnten über 15 m lang werden. Damit diese Dinos ihre Hälse überhaupt heben konnten, mussten die Hals- und Schädelknochen sehr leicht sein. Im Vergleich zu ihren Körpern waren Sauropodomorpha-Schädel dann auch sehr klein. In ihren Halswirbeln befanden sich zahlreiche luftgefüllte Hohlräume.

Apatosaurus besaß 15 luftgefüllte Halswirbel. Moderne Giraffen haben dagegen nur sieben – genau wie Menschen.

Mit einer Länge von bis zu 34 m und einer Höhe von bis zu 18 m war *Sauroposeidon* der größte bekannte Dinosaurier. Er lebte vor etwa 112 Millionen Jahren an der Küste des Golfs von Mexiko.

Im Südafrika der Triaszeit ist ein *Melanorosaurus* verängstigt und hilflos, als er von einem scharfzahnigen Reptil aus der Gruppe der Rauisuchidae in die Enge getrieben wird.

MELANOROSAURIER

Diese Sauropodomorpha entwickelten sich vor etwa 227 Millionen Jahren – sie sind einige der frühesten großen Pflanzenfresser. Sie waren zwar noch nicht so riesig wie spätere Sauropodomorpha, gehörten aber doch zu den größten Tieren ihrer Zeit. Melanorosaurier hatten wuchtige Körper mit vier dicken, muskulösen Beinen, die ihr Gewicht tragen konnten.

Melanorosaurier hatten viel kürzere Hälse als ihre späteren Verwandten. Vermutlich fraßen sie niedrig wachsende Pflanzen, stellten sich aber vielleicht auf die Hinterbeine, um auch höhere zu erreichen. Obwohl Melanorosaurier auf allen Vieren liefen, endeten ihre Vorderbeine in etwas merkwürdigen, handähnlichen Füßen – eine Erinnerung daran, dass ihre Vorfahren nur auf den Hinterbeinen gingen.

Melanorosaurier waren Pflanzenfresser, haben aber vielleicht auch mal ein Insekt oder anderes kleines Tier gefressen. Vorn in ihren Oberkiefern saßen ein paar scharfe, spitze Zähne, die Tiere hätten beißen können. Im restlichen Maul gab es viele blattförmige Zähne mit gezackten Kanten – perfekt, um Pflanzen abzureißen. Spätere Sauropodomorpha, die nur Pflanzen fraßen, hatten die spitzen Vorderzähne nicht mehr.

Die Familie der Melanorosaurier ist nach der Gattung *Melanorosaurus* benannt (altgriechisch: „Schwarze Bergechse"), so getauft 1924, als am Thaba 'Nyama (Schwarzer Berg) in Südafrika die ersten Fossilien dieser Dinosaurier gefunden wurden.

Der Schädel des *Melanorosaurus* war etwa 25 cm lang und endete in einer spitzen Schnauze.

Familie:	Melanorosauridae
Lebensräume:	Europa und Afrika
Zeitraum:	Obertrias bis Unterjura, vor 227–189 Millionen Jahren
Größenbereich:	8–11 m lang **Melanorosaurus** **Camelotia**

Diplodocidae

Diplodocidae waren extrem lang, aber schlanker gebaut als andere riesengroße Sauropodomorpha. Die Pflanzenfresser hatten nur vorn im Kiefer überhaupt Zähne. Mit diesen stiftförmigen Zähnen pflückten sie Blätter und schluckten sie ohne zu kauen herunter. Dafür schluckten einige Diplodocidae Steine, um die Blätter in ihren Mägen zu zerkleinern.

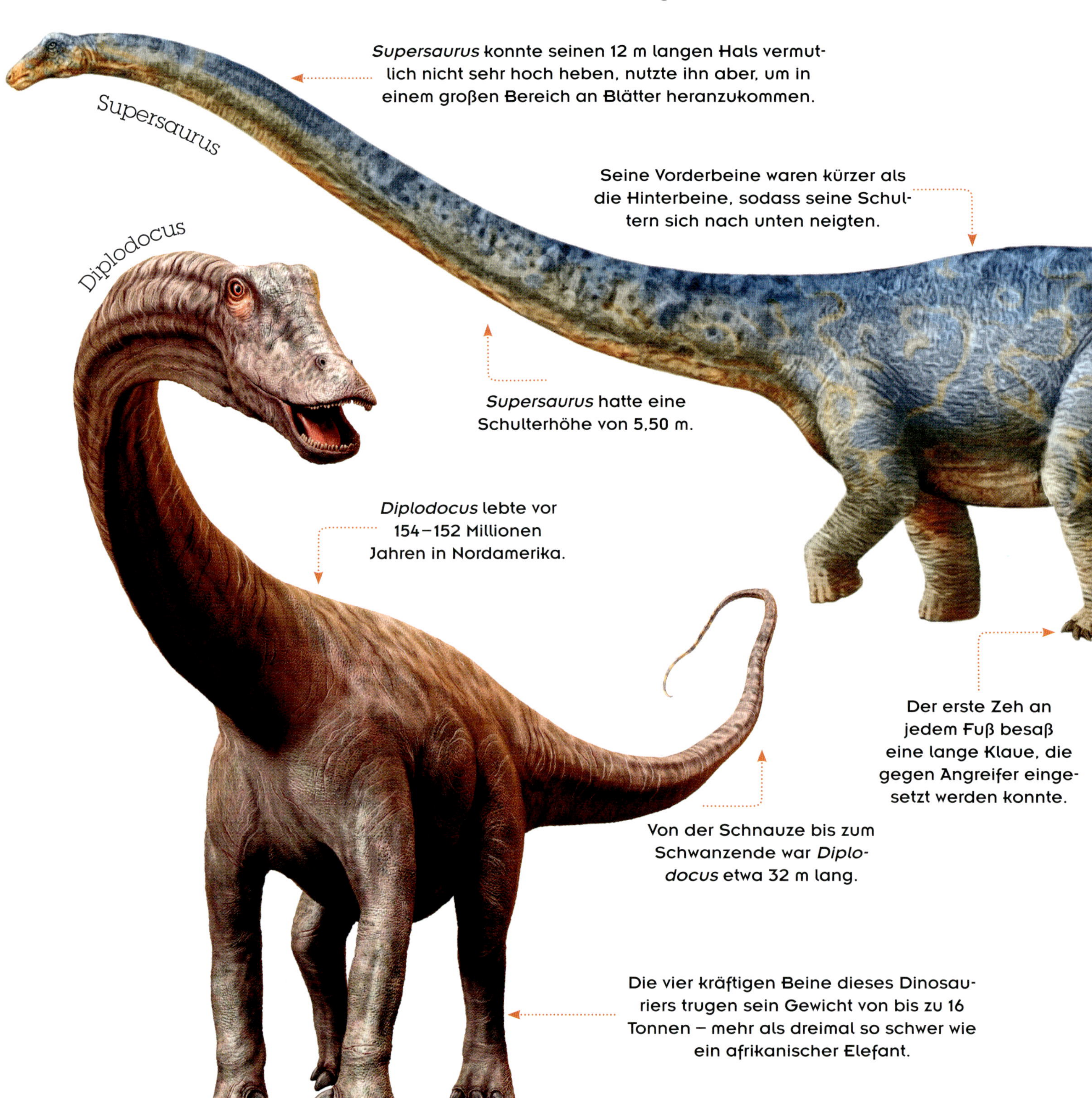

Supersaurus konnte seinen 12 m langen Hals vermutlich nicht sehr hoch heben, nutzte ihn aber, um in einem großen Bereich an Blätter heranzukommen.

Seine Vorderbeine waren kürzer als die Hinterbeine, sodass seine Schultern sich nach unten neigten.

Supersaurus hatte eine Schulterhöhe von 5,50 m.

Diplodocus lebte vor 154–152 Millionen Jahren in Nordamerika.

Der erste Zeh an jedem Fuß besaß eine lange Klaue, die gegen Angreifer eingesetzt werden konnte.

Von der Schnauze bis zum Schwanzende war *Diplodocus* etwa 32 m lang.

Die vier kräftigen Beine dieses Dinosauriers trugen sein Gewicht von bis zu 16 Tonnen – mehr als dreimal so schwer wie ein afrikanischer Elefant.

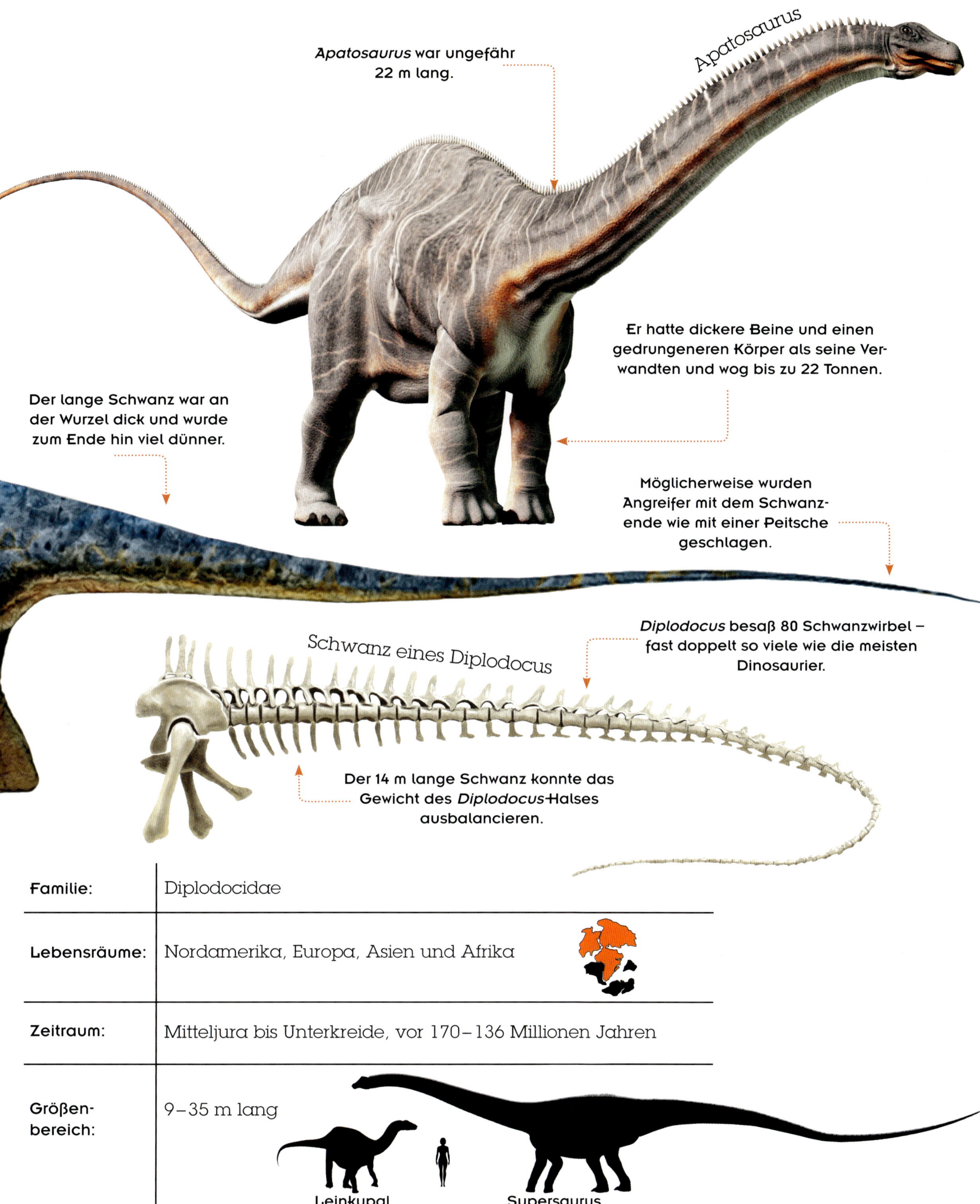

Familie:	Diplodocidae
Lebensräume:	Nordamerika, Europa, Asien und Afrika
Zeitraum:	Mitteljura bis Unterkreide, vor 170–136 Millionen Jahren
Größenbereich:	9–35 m lang

DINOSAURIERHERDEN

Viele pflanzenfressende Dinosaurier lebten in Herden, die ihnen einen gewissen Schutz vor Raubtieren boten: In einer Herde achten viele Augen und Ohren auf Gefahren. Bei einem Angriff können alle zusammen ihre Zähne und Klauen einsetzen – oder sich in alle Richtungen zerstreuen und so den Angreifer verwirren. Auch einige Fleischfresser haben vielleicht zusammengelebt und auch gemeinsam gejagt, um große Tiere zu erlegen.

Es gibt viele fossile Hinweise darauf, dass einige Dinosaurier in Herden gelebt haben, besonders Pflanzenfresser wie Sauropodomorpha und Cerapoda. So zeigen Fußspuren, dass viele Dinosaurier zusammen unterwegs waren und dabei kleinere, jüngere Dinos in die Mitte nahmen. Auch Knochen von Dinosauriergruppen, oft von unterschiedlich alten Tieren, hat man zusammen gefunden. Manche Gruppen bestanden nur aus jungen Dinosauriern – vielleicht blieben diese zusammen, bis sie ausgewachsen waren. In China fand man 20 junge *Sinornithomimus*-Theropoden, die gemeinsam im Schlamm steckengeblieben waren, alle zwischen ein und sieben Jahre alt.

Der Fleischfresser *Shaochilong* lebte zur Zeit der Oberkreide in China.

Junge Sinornithomimus-Herde

Diplodocus-Herde

Diplodocus-Herden streiften im Oberjura durch Nordamerika.

Der Baby-*Diplodocus* bleibt in der Mitte der Herde.

In einigen Fällen können Paläontologen nicht sicher sagen, ob die Dinosaurier nun eine Herde waren oder ob sie nur zufällig zusammen fraßen oder tranken und dabei von einer plötzlichen Katastrophe wie einem Erdrutsch heimgesucht wurden. Findet man die Überreste mehrerer Fleischfresser rund um die Leichen ihrer Beute, müssen sie nicht unbedingt zusammengearbeitet haben: Vielleicht haben sie auch um ihre Beute gekämpft. Doch die große Anzahl fossilisierter Gruppen legt nahe, dass viele Dinosaurier wohl durchaus zusammenkamen, um zu nisten, zu fressen, zu schlafen oder von einer Fresszone zur nächsten zu ziehen.

Eine Herde junger *Sinornithomimus* rennt in alle Richtungen davon – außerhalb des Blickfelds ihrer Eltern.

Dicraeosaurier

Diese Dinosaurier besaßen kleinere Körper und kürzere Hälse als die meisten Sauropodomorpha aus Jura- und Kreidezeit. Aus den Hals- und Rückenwirbeln der Dicraeosaurier ragten lange Dornen empor. Bei einigen Arten waren sie von Haut und Muskeln bedeckt, bei anderen bildeten sie eine Art Kamm.

Die längsten Hals- und Rückendornen aller Dicraeosaurier besaß *Amargasaurus*, der vor etwa 129–122 Millionen Jahren in Südamerika lebte: Er hatte eine doppelte Reihe aus bis zu 60 cm langen Wirbelstacheln. Paläontologen wissen nicht genau, ob diese von Haut bedeckt waren.

Falls ja, könnten die Dornen einen mit der Lunge verbundenen Luftsack geschützt haben, der beim Atmen half. Falls nein, könnten die Dinos damit Angreifer durchbohrt haben, indem sie ihren Hals im Kampf plötzlich nach unten neigten. Heute setzt die arabische Oryx-Antilope ihre Hörner auf diese Weise ein, um sich gegen Löwen zu wehren.

Mit ihren kurzen Hälsen fraßen die Dicraeosaurier wohl Pflanzen, die nicht höher als 3 m waren. Der mit etwa 2 m kürzeste Hals der Familie gehörte dem südamerikanischen *Brachytrachelopan*. Während die meisten Sauropodomorpha aus Jura- und Kreidezeit sich darauf spezialisierten, hochgewachsene Pflanzen zu fressen, vermied die Familie der Dicraeosaurier die Konkurrenz, indem sie ihr Futter nur auf mittlerer Höhe suchte.

Der Name *Dicraeosaurus* („gegabelte Echse") stammt von der Form der Hals- und Rückenstacheln.

Familie:	Dicraeosauridae
Lebensräume:	Nordamerika, Südamerika, Asien und Afrika
Zeitraum:	Mitteljura bis Unterkreide, vor 174–122 Millionen Jahren
Größenbereich:	10–12 m lang

Brachytrachelopan **Dicraeosaurus**

Mit einer Halslänge von etwa 2,40 m ernährte sich ein erwachsener *Amargasaurus* vor allem von halbhohen Pflanzen wie Ginkgos und Palmfarnen.

In einem kreidezeitlichen Sumpf im heutigen China frisst eine *Mamenchisaurus*-Herde Farn, während *Boreopterus*-Pterosaurier nach kleinen Beutetieren suchen.

Mamenchisaurier

Mamenchisaurier hatten außergewöhnlich lange Hälse (bis zu 15 m lang), die fast die Hälfte ihrer Gesamtlänge ausmachten. Die Gattung *Mamenchisaurus* besaß 19 Halswirbel, neun mehr als ein *Tyrannosaurus*. Dank dieser Hälse mussten Mamenchisaurier ihre schweren Körper nicht bewegen, wenn sie sich nach Futter reckten, wodurch sie wertvolle Energie einsparten.

Die Form der Halswirbel und -muskeln der Mamenchisaurier lässt darauf schließen, dass sie die Köpfe nicht recken konnten, um Bäume abzufressen. Stattdessen streckten sie sich wohl nach weiter entfernten niedrigen Pflanzen – eine praktische Fähigkeit, um sumpfigen Untergrund zu meiden. Der Schädel des Mamenchisaurus war klein, damit der schlanke Hals ihn tragen konnte. Weil er aber, um zu überleben, riesige Mengen an Pflanzen fressen musste, waren seine Kiefer sehr groß. Das Kiefergelenk befand sich fast ganz hinten im Schädel. Mamenchisaurier waren mit breiten, stumpfen Zähnen „bewaffnet", die ihnen das Abreißen ganzer Blätterbündel auf einmal ermöglichten.

Wenn diese Dinos aus ihren Eiern schlüpften, wogen sie wohl etwa so viel wie Menschenbabys: etwa 4 kg. Durch ständiges Essen, wenn er wach war, konnte ein *Mamenchisaurus* pro Jahr mehr als 2.000 kg zunehmen, sodass er sein Höchstgewicht von etwa 70.000 kg mit 30 Jahren erreicht hatte.

Omeisaurus fraß jeden Tag bis zu 1000 kg Farne und andere Pflanzen. Wenn er ein Alter von etwa 30 Jahren erreicht hatte, war er 20 m lang.

Familie:	Mamenchisauridae
Lebensräume:	Asien und Afrika
Zeitraum:	Unterjura bis Unterkreide, vor 184–114 Millionen Jahren
Größenbereich:	12–35 m lang

Tonganosaurus **Mamenchisaurus**

DINOSAURIEREIER

Wie unsere heutigen Vögel legten Dinosaurierweibchen Eier mit harter Schale, meist zwischen 10 und 30 pro Nest, das manchmal mit anderen Mitgliedern einer Herde geteilt wurde. Nester entstanden, indem sie eine Kuhle in den Boden scharrten, ein Loch gruben oder einen Hügel aufschütteten, um die Eier zum Warmhalten zu vergraben.

Die meisten Dinosaurier legten ziemlich runde Eier, die fleischfressenden Theropoden dagegen längliche Eier mit abgerundeten Enden. Die Eier der kleinsten Dinos wie der hühnergroßen *Sinosauropteryx* waren kleiner als Hühnereier. Die größten bisher gefundenen Dinoeier waren 60 cm lang und gehörten wahrscheinlich zu einem großen Theropoden wie *Gigantoraptor*, der ausgewachsen etwa 8 m lang war. Viele große Dinosaurier waren beim Schlüpfen winzig: Der 5 m große Sauropodomorph *Massospondylus* begann sein Leben mit nur 15 cm Größe.

Diese runden Eier stammten von einem pflanzenfressenden Dinosaurier.

Eier wurden oft in einem Kreis abgelegt.

Fossilisierte Dinosauriereier

Das Innere eines Theropoden-Eis

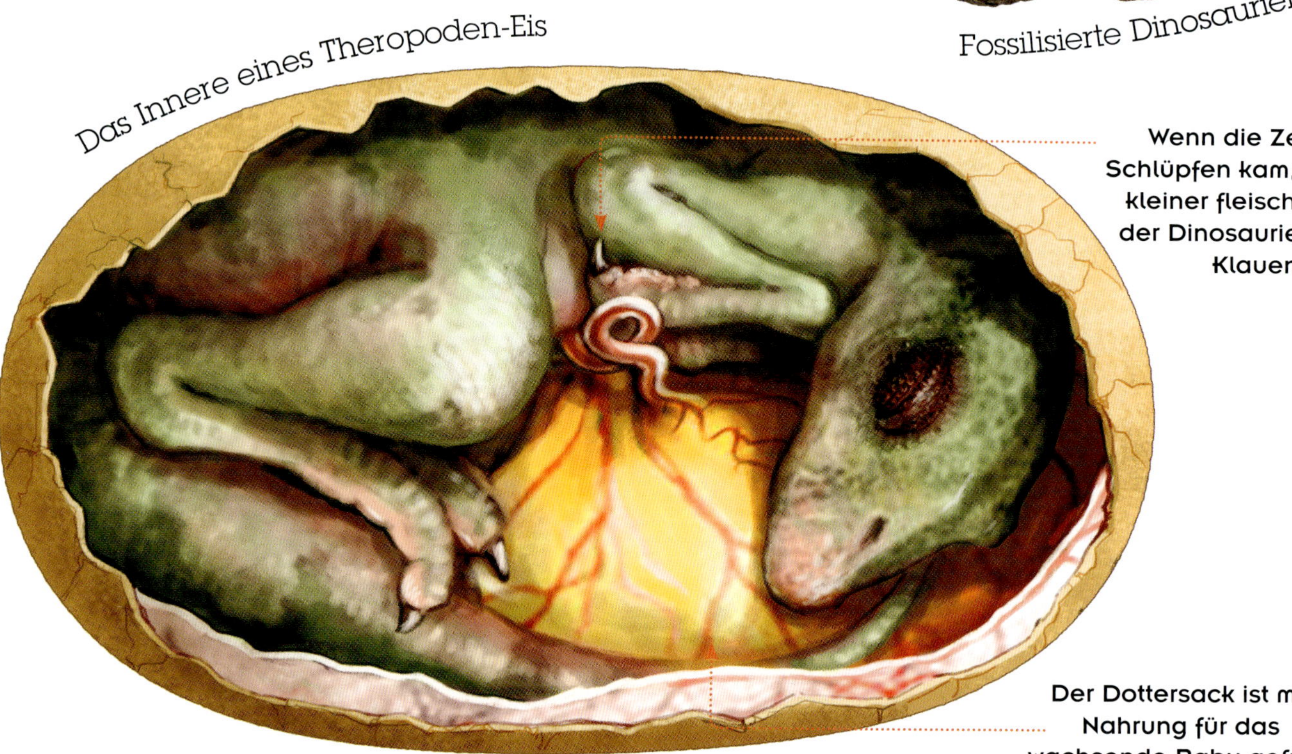

Wenn die Zeit zum Schlüpfen kam, hatte ein kleiner fleischfressender Dinosaurier bereits Klauen.

Der Dottersack ist mit Nahrung für das wachsende Baby gefüllt.

Viele Dinosaurier passten auf ihre Nester auf; vielleicht saßen Mutter oder Vater auf den Eiern, um sie zu bebrüten. Einige Dinosaurier wie der pflanzenfressende Cerapode *Maiasaura* kümmerten sich auch nach dem Schlüpfen um ihre Babys. Diese könnten noch zahnlos gewesen sein und Hilfe beim Fressen gebraucht haben. Andere Dinos, darunter einige Theropoden, haben ihre Eier womöglich nur vergraben und sind dann weggegangen. Wenn diese Babys schlüpften, hatten sie wahrscheinlich schon Zähne und Klauen und kamen allein zurecht.

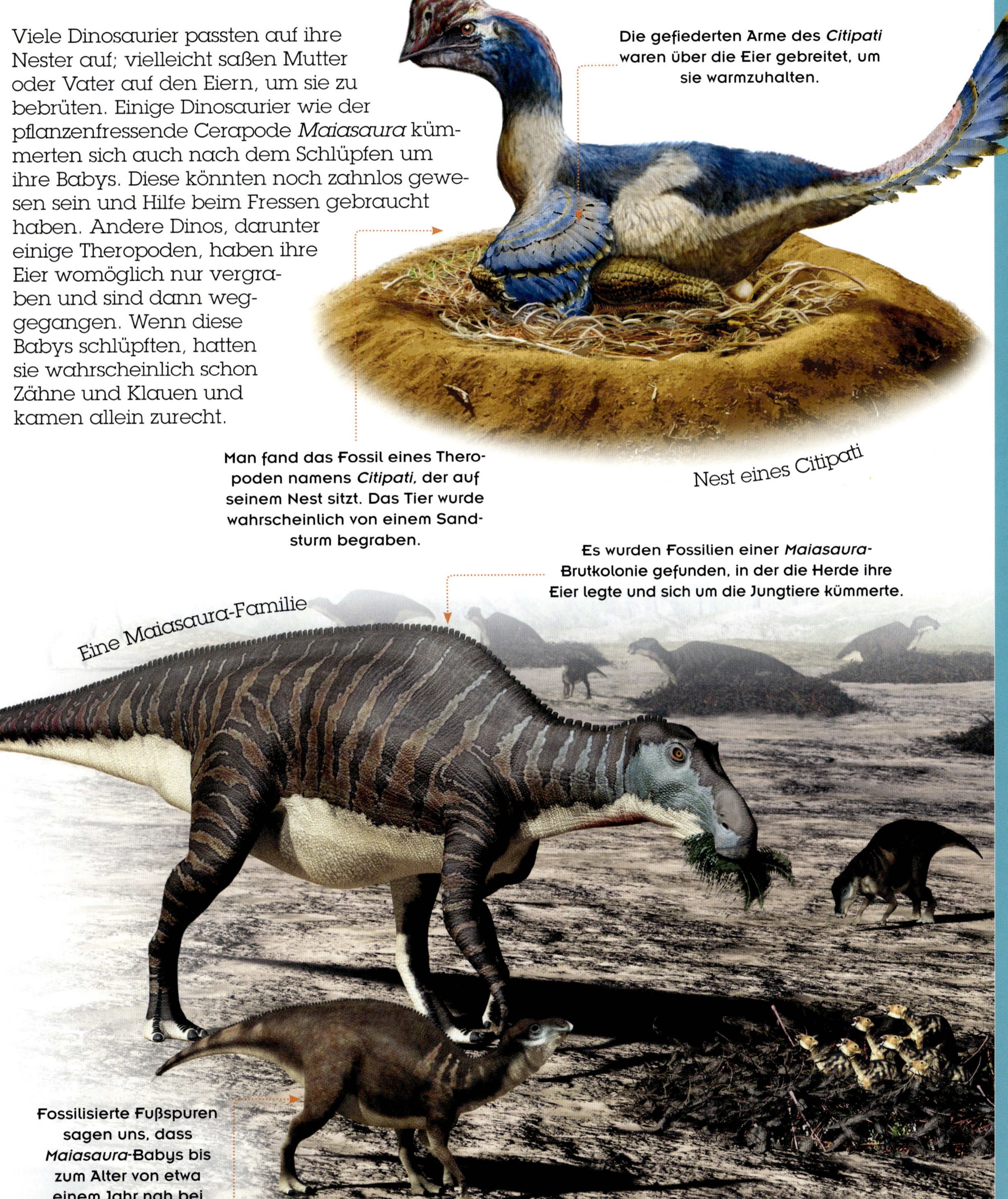

Nest eines Citipati

Eine Maiasaura-Familie

BRACHIOSAURIER

Die Vorderbeine dieser Dinosaurier waren viel länger als ihre Hinterbeine, was ihnen den Namen Brachiosaurier einbrachte – altgriechisch für „Armechse". Wenn sie ruhten, hielten sie ihre Hälse in einem 45-Grad-Winkel schräg nach oben. Mit ihrer Höhe von bis zu 12 m konnten Brachiosaurier wohl höhere Äste erreichen als viele andere Sauropodomorpha.

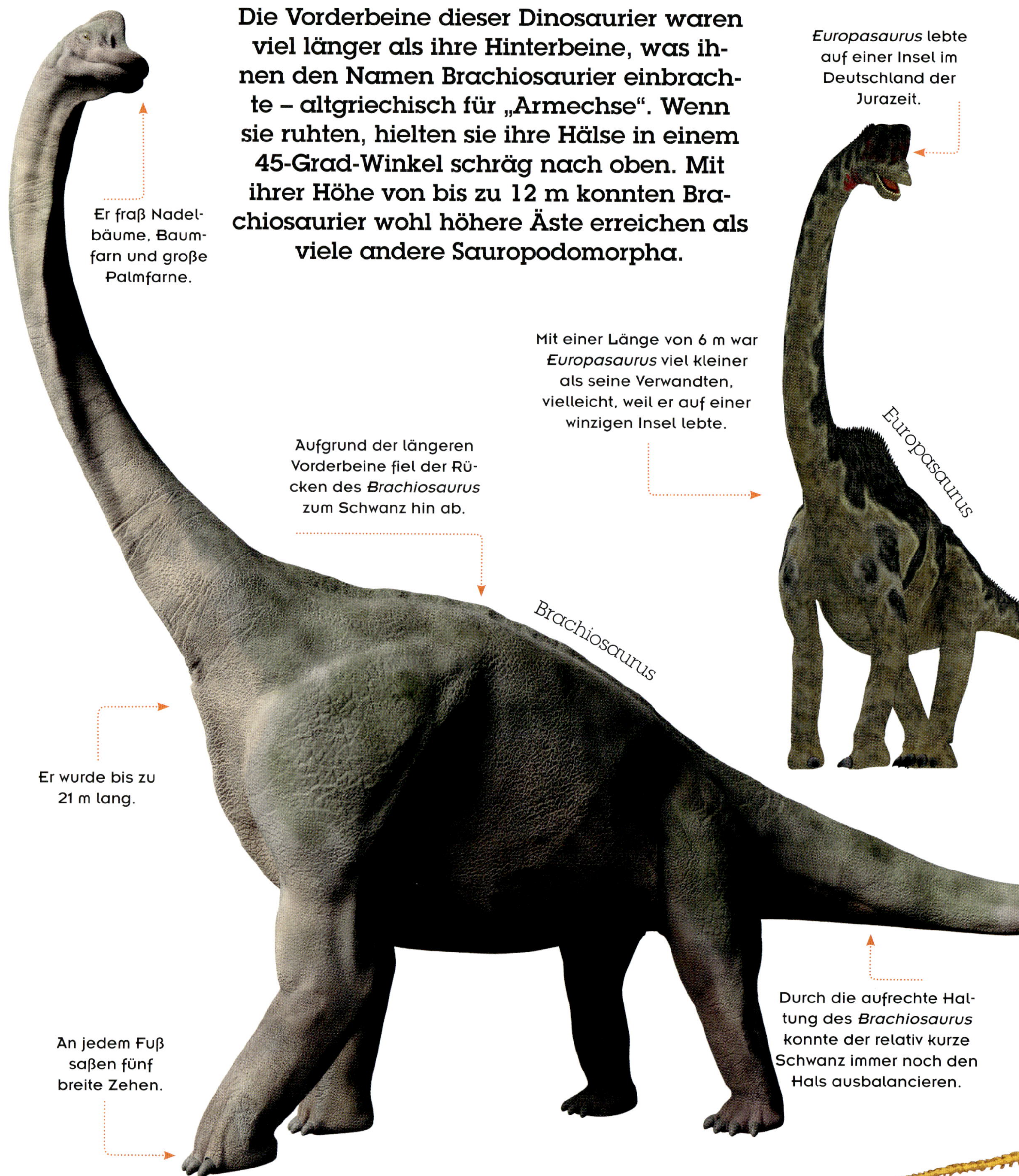

Familie:	Brachiosauridae
Lebensräume:	Nordamerika, Südamerika, Europa, Asien und Afrika
Zeitraum:	Oberjura bis Oberkreide, vor 157–93 Millionen Jahren
Größenbereich:	6–22 m lang

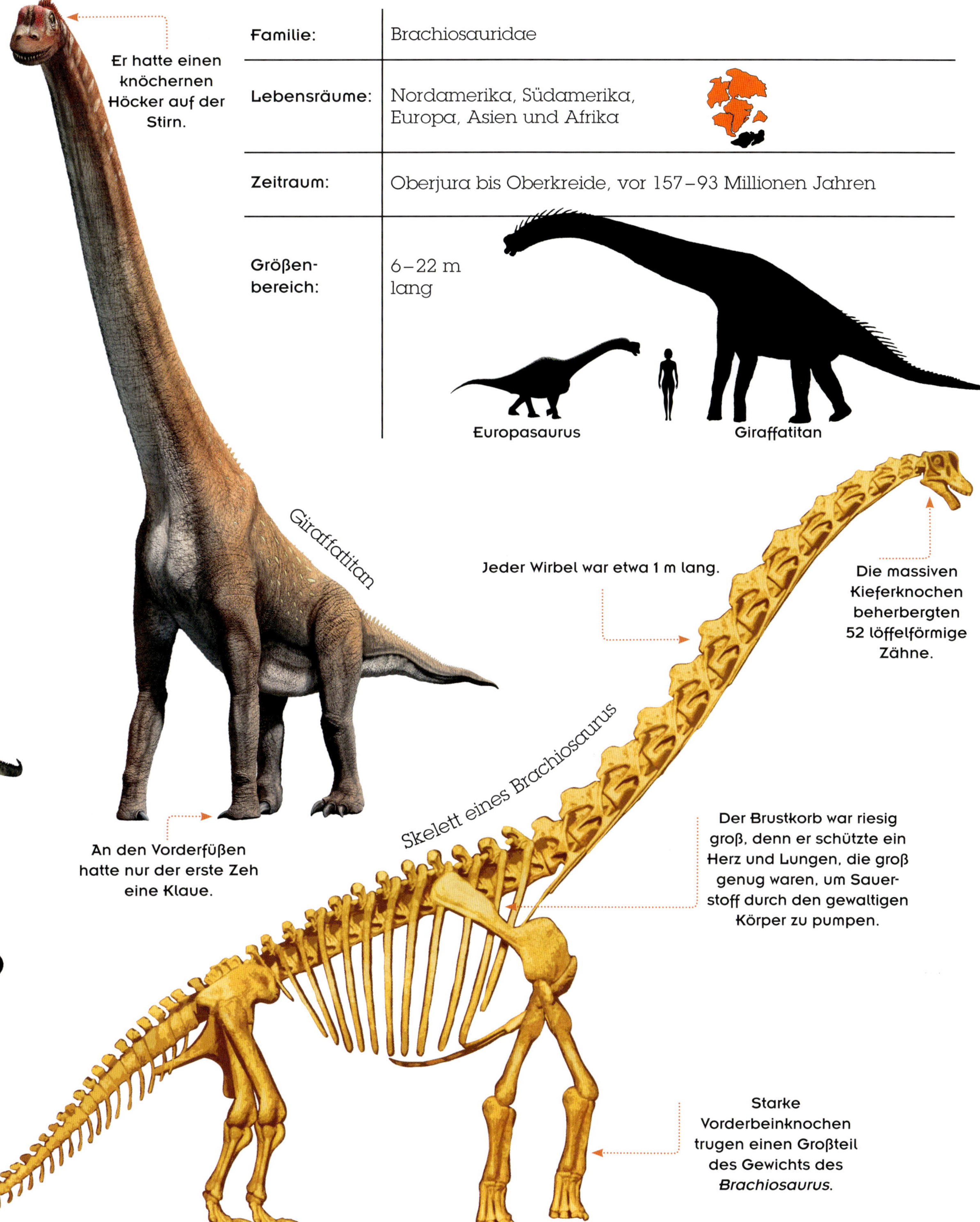

Selbst so große Räuber wie *Giganotosaurus* mussten eventuell im Rudel zusammenarbeiten, um einen Giganten wie *Argentinosaurus* zu Fall zu bringen.

Colossosaurier

Zu den Colossosauriern gehört der gewaltige Dinosaurier, der vermutlich das größte Landtier aller Zeiten war: der *Argentinosaurus*. Er soll bis zu 39,70 m lang geworden sein – etwa so lang wie neun Familienautos hintereinander. Die Colossosaurier (altgriechisch für „gigantische Echsen“) lebten in Südamerika.

Die Größe des *Argentinosaurus* hat man anhand der wenigen gefundenen Knochen geschätzt, darunter ein 2,50 m langer Oberschenkelknochen. Ein naher Verwandter des *Argentinosaurus*, *Patagotitan*, war der zweitgrößte bekannte Dinosaurier mit einer geschätzten Länge von 37 m.

Ihre enorme Größe half den Colossosauriern vermutlich dabei, Attacken der meisten Fleischfresser abzuwehren.

Doch begleitend zu diesen gigantischen südamerikanischen Pflanzenfressern entwickelten sich ebenso riesige Theropoden, die sie jagten, zum Beispiel *Mapusaurus* und *Giganotosaurus*, beide über 10 m lang.

Noch ein Vorteil dieser enormen Größe war, dass in einen Colossosaurierkörper ein riesiger Magen und ein sehr langer Darm hineinpassten. Die Nahrung dürfte bis zu zwei Wochen gebraucht haben, um so einen Darm zu passieren. In dieser ganzen Zeit wurden die Nährstoffe aus der Nahrung vom Körper des Dinos aufgenommen; er konnte so also auch das letzte bisschen Energie verwerten.

Patagotitan **könnte bis zu 77 Tonnen gewogen haben – so viel wie über ein Dutzend afrikanische Elefanten.**

Familie:	Colossosauridae
Lebensraum:	Südamerika
Zeitraum:	Oberkreide, vor 101–92 Millionen Jahren
Größenbereich:	11–39,70 m lang

Rinconsaurus

Argentinosaurus

Saltasaurier

Saltasaurier waren zwar große Tiere, für gewöhnlich aber kleiner als andere Sauropodomorpha ihrer Zeit. Als Extraschutz wiesen viele von ihnen am Rücken Knochenplatten auf. Der größte Dinosaurier der Familie, *Alamosaurus*, war der letzte Sauropodomorph, der ausstarb: beim Massenaussterben vor 66 Millionen Jahren, als ein riesiger Asteroid die Erde traf.

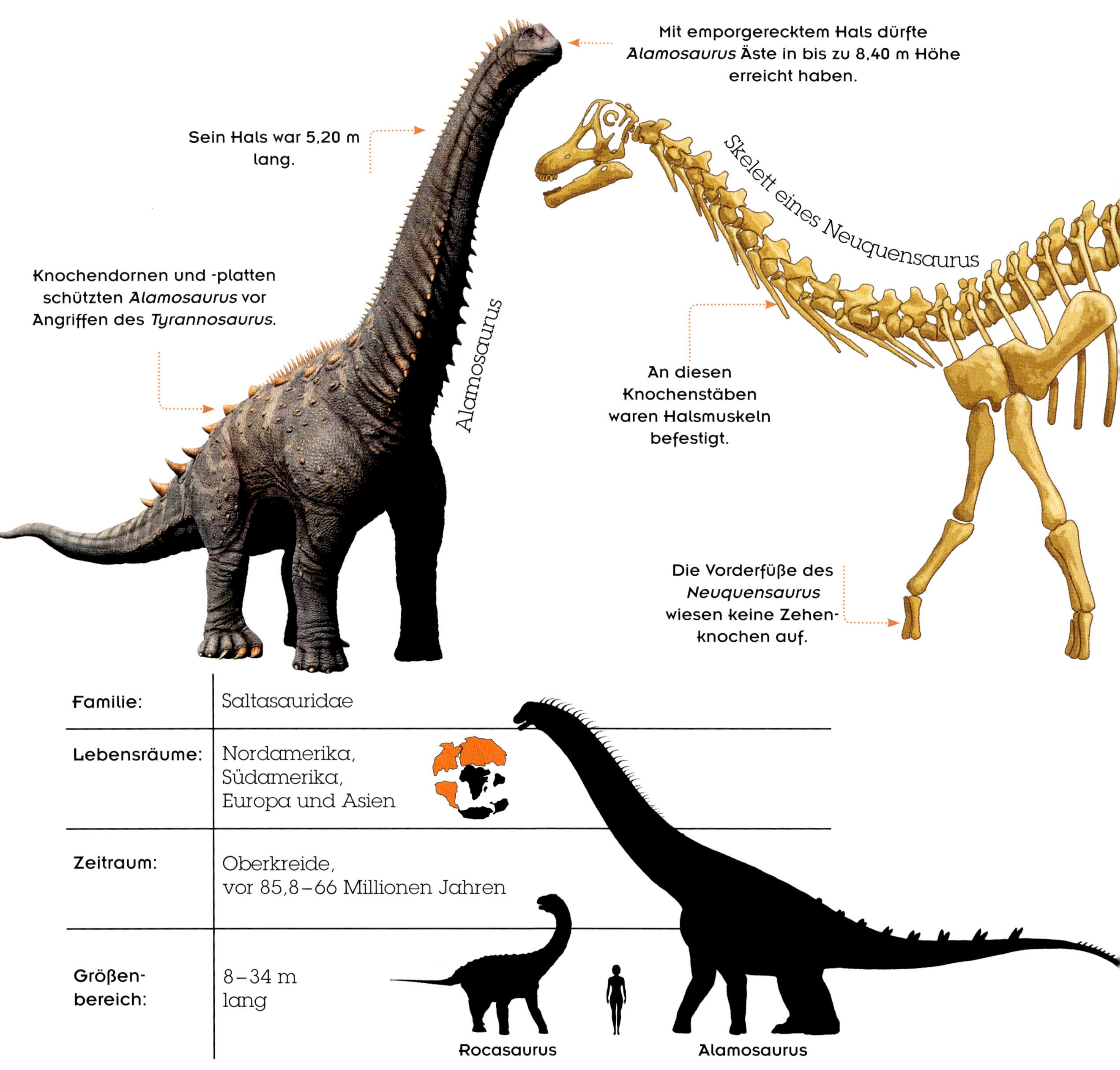

Familie:	Saltasauridae
Lebensräume:	Nordamerika, Südamerika, Europa und Asien
Zeitraum:	Oberkreide, vor 85,8–66 Millionen Jahren
Größenbereich:	8–34 m lang

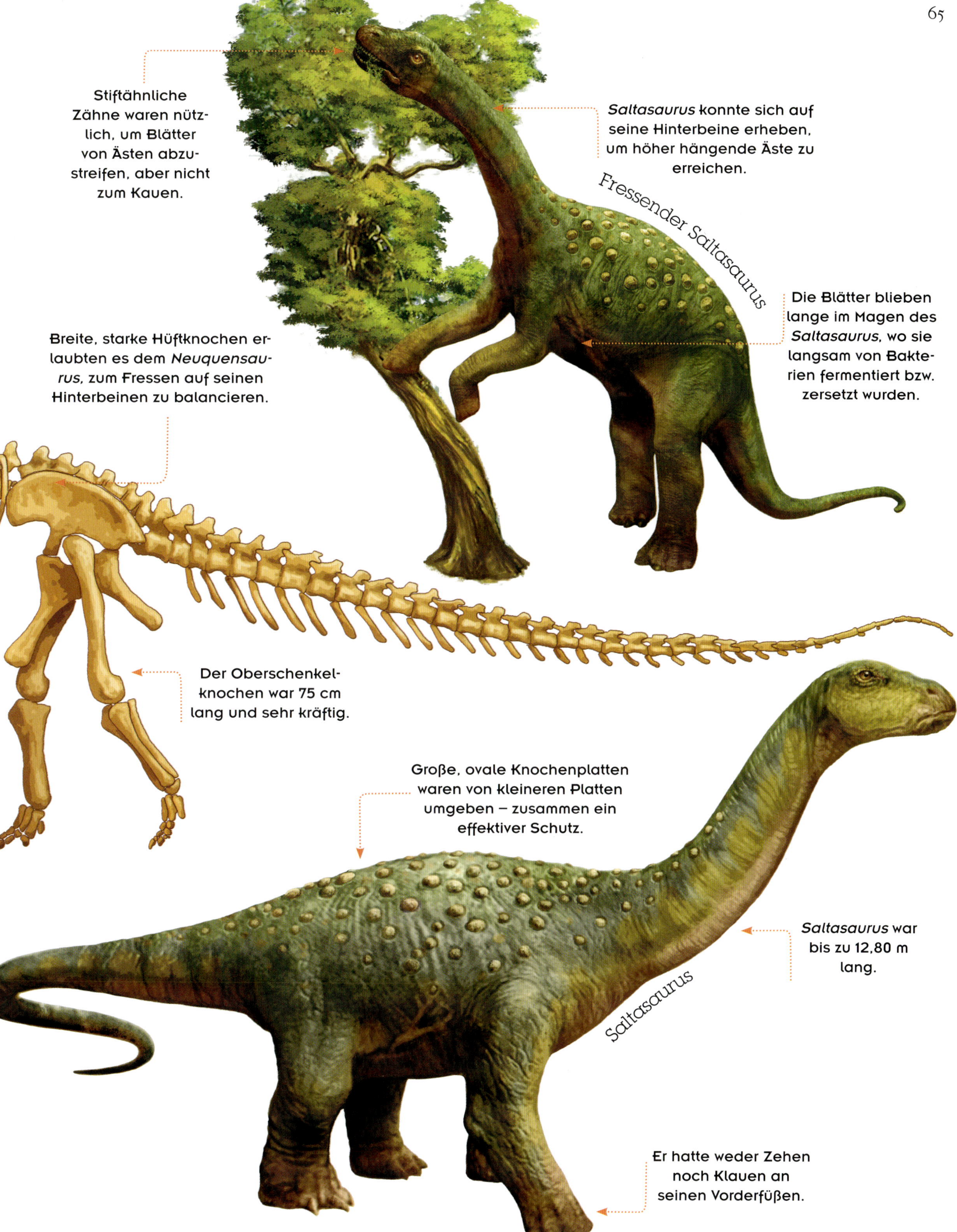
Stiftähnliche Zähne waren nützlich, um Blätter von Ästen abzustreifen, aber nicht zum Kauen.
Saltasaurus konnte sich auf seine Hinterbeine erheben, um höher hängende Äste zu erreichen.
Fressender Saltasaurus
Die Blätter blieben lange im Magen des *Saltasaurus*, wo sie langsam von Bakterien fermentiert bzw. zersetzt wurden.
Breite, starke Hüftknochen erlaubten es dem *Neuquensaurus*, zum Fressen auf seinen Hinterbeinen zu balancieren.
Der Oberschenkelknochen war 75 cm lang und sehr kräftig.
Große, ovale Knochenplatten waren von kleineren Platten umgeben – zusammen ein effektiver Schutz.
Saltasaurus war bis zu 12,80 m lang.
Saltasaurus
Er hatte weder Zehen noch Klauen an seinen Vorderfüßen.

Cerapoda

Diese Pflanzenfresser besaßen schnabelähnliche Kiefer, um Zweige abzubeißen. Innen auf ihren unteren Vorderzähnen befand sich zudem ein dicker Zahnschmelz. Das bewirkte, dass ihre Zähne sich beim Kauen unregelmäßig abnutzten, wodurch Kanten entstanden, die für das Zerkauen von Pflanzen perfekt waren.

Die Cerapoda werden eingeteilt in Ornithopoda (vom Altgriechischen für „Vogelfüße") und Marginocephalia (vom Altgriechischen für „Fransenköpfe").

Der Name der Ornithopoden stammt von ihren meist dreizehigen Füßen, die ein bisschen wie die der heutigen Vögel aussahen. Kleinere, frühere Vertreter der Gruppe liefen auf den Hinterbeinen; die schwereren, späteren Ornithopoden normalerweise auf allen Vieren. Die effektiven Pflanzenfresser hatten mehrere Reihen Mahlzähne sowie Backentaschen zum Aufbewahren von Nahrung. Zu den Ornithopoden gehörten Hypsilophodonten, Iguanodonten und Hadrosaurier.

Die Marginocephalia besaßen hinten am Schädel einen Knochenrand, der vielleicht dem Anlocken von Partnern diente. Sie werden in zwei Gruppen eingeteilt: die Ceratopsia („Horngesichter") und die Pachycephalosaurier („Dickkopfechsen"). Alle Ceratopsia besaßen einen großen Schnabel. Späte Vertreter der Gruppe hatten ausladende Hörner und Nackenschilde. Die Pachycephalosaurier wiederum besaßen dicke, oft kuppelförmig gewölbte Schädel.

Der großnasige Ornithopode *Altirhinus* lief auf den Hinterbeinen, könnte aber auf allen Vieren gegangen sein, wenn er bodennahe Pflanzen fraß.

Cerapodenschnäbel

Die Cerapoda waren Ornithischia, also Vogelbeckensaurier, mit vogelähnlichen Hüftknochen. Die Ornithischia besaßen vorn in ihrem Unterkiefer einen Zusatzknochen, der zusammen mit seinem Gegenstück eine Art Schnabel bildete. Ober- und Unterkiefer waren von hartem, hornigem Keratin bedeckt, aus dem auch Klauen bestehen.

Wie auch andere Vogelbeckensaurier (Ornithischia) hatte der Ceratopside *Styracosaurus* einen zusätzlichen Kieferknochen namens Praedentale.

Im Nordamerika der Kreidezeit flieht ein aufgeschreckter *Stygimoloch*-Pachycephalosaurus (links) vor einem *Pectinodon*-Theropoden.

Der beste Schutz für einen kleinen *Hypsilophodon:* Bei der Herde bleiben und – wenn nötig – schnell wegrennen!

Hypsilophodonten

Diese frühen Cerapoden rannten schnell auf langen Hinterbeinen und hielten die Balance mit dem Schwanz. Weil Hypsilophodonten klein waren, fraßen sie niedrige Pflanzen. Mit ihren harten, spitzen Schnäbeln konnten sie Triebe und Wurzeln zerbeißen, vielleicht auch Insekten und andere kleine Tiere fangen. Mit ihren großen Augen hielten sie beim Fressen nach Angreifern Ausschau.

Die Zähne eines *Hypsilophodon* schärften sich selbst: Seine oberen Zähne waren nach innen, die unteren nach außen gekrümmt, und wenn beide beim Kauen aneinander rieben, bildeten sich scharfe Kanten. Durch diesen Prozess nutzten sich die Zähne langsam ab und allmählich bewegten sich neue Zähne von hinten im Maul nach vorn, um sie zu ersetzen. Neben 28 bis 30 dieser Zähne zum Pflanzenkauen besaßen Hypsilophodonten fünf spitze Zähne vorn im Oberkiefer, um Zweige abzubeißen.

Man fand viele *Hypsilophodon*-Körper dicht nebeneinander, vielleicht haben sie also in großen Herden gelebt und wie heutige Rehe in den Wäldern und Auen der Kreidezeit gegrast. Wenn ein Tier einen Angreifer herannahen sah, hörte oder roch, machte es vermutlich die ganze Gruppe durch ein Geräusch oder eine plötzliche Bewegung darauf aufmerksam. Dann konnte die Herde sich in Sicherheit bringen, schließlich konnten sie schneller rennen als die schwereren Theropoden, die sie jagten, wie der *Neovenator*.

Hypsilophodon hatte an jeder Hand fünf Finger und, anders als spätere Ornithopoden, an jedem Fuß vier Zehen.

Familie:	Hypsilophodontidae
Lebensraum:	Europa
Zeitraum:	Unterkreide, vor 130–125 Millionen Jahren
Größenbereich:	1,50–1,80 m lang

DIE SINNE DER DINOS

Sehen, riechen und hören: Das waren für Dinosaurier wichtige Sinne. Mit ihrer Hilfe konnten sie Nahrung finden, Angreifern entkommen und einen Partner finden. Paläontologen können diese Sinne untersuchen, indem sie sich die Form der Schädelknochen eines Dinos ansehen, zum Beispiel die Augenhöhlen. Weniger weiß man über den Geschmacks- und den Tastsinn der Dinosaurier, weil es Zungen und Nerven ja nicht als Fossilien gibt.

Bistahieversor

Zwischen den Sinnen der Fleisch- und denen der Pflanzenfresser bestanden wichtige Unterschiede: Fleischfresser hatten große, nach vorn gerichtete Augen, mit denen sie Beute erspähen konnten. Zeigen die Augen nach vorn, können sie zusammenarbeiten, um einzuschätzen, wie weit das Beutetier entfernt ist und wie schnell es sich bewegt. Pflanzenfresser hatten dagegen oft kleinere Augen, die seitlich am Kopf saßen, damit sie rundum nach Angreifern Ausschau halten konnten. Einige Fleischfresser, auch die Tyrannosaurier, besaßen außerdem einen besseren Geruchssinn als Pflanzenfresser, damit sie Beute erschnüffeln konnten.

Die Ohröffnungen der Dinosaurier waren wahrscheinlich nicht wie bei Menschen oder Hunden von fleischigen äußeren Ohren umgeben.

Tyrannosaurus

Der Geruchssinn eines Tyrannosaurus war ebenso ausgeprägt wie der eines heutigen Spürhundes.

Wie andere Fleischfresser hatten Tyrannosaurier nach vorn zeigende Augen, die Beutetiere wohl schon in bis zu 6 km Entfernung erspähen konnten.

Ihre simple Zunge war flach und unten im Maul befestigt, sodass sie sie nicht so weit herausstrecken konnten wie zum Beispiel eine Eidechse.

Paläontologen untersuchten Dinoschädel auch, um etwas über Größe und Form ihrer Gehirne herauszufinden. Pflanzenfresser hatten kleinere Gehirne als Fleischfresser – Sauropodomorpha die kleinsten von allen. Fleischfresser brauchten größere Gehirne, um Beute zu erkennen und zu fangen. Ihre Gehirne besaßen auch viel größere vordere Regionen, in denen die Informationen von Augen, Nase und Ohren verarbeitet wurden. Dies dürfte ihnen geholfen haben, ihre Sinne effektiv einzusetzen.

Iguanodonten

Anders als die meisten Tiere konnten Iguanodonten ebenso gut auf zwei Beinen laufen wie auf vier. Wenn diese Pflanzenfresser sich beeilen mussten, sprinteten sie auf den Hinterbeinen. Wurden sie älter und schwerer, wanderten sie eher langsam auf allen Vieren. Einige Iguanodonten hatten einen scharfen Daumenstachel, mit dem sie angreifende Theropoden verletzen konnten.

Mit ihren Händen konnten Iguanodonten sowohl laufen als auch Nahrung halten. Die kräftigen, steifen zweiten, dritten und vierten Finger konnten das Gewicht des Dinosauriers tragen. Der Daumen mit seinem Stachel, der vielleicht zum Öffnen von Früchten benutzt wurde, wurde beim Laufen vom Boden weg gehalten. Der fünfte Finger war lang und biegsam, um Früchte oder Äste festzuhalten.

Die Familie der Iguanodontidae ist nach der Gattung *Iguanodon* benannt, die wiederum 1825 von dem englischen Paläontologen Gideon Mantell benannt wurde, nachdem seine Frau das Fossil entdeckt hatte. *Iguanodon* war erst die zweite Dino-Gattung (nach dem Theropoden *Megalosaurus*), die einen wissenschaftlichen Namen erhielt. Mantell benannte *Iguanodon* nach dem Altgriechischen für „Leguanzahn", weil dessen Zähne denen eines Leguans ähnelten. Dies war für Mantell auch ein Hinweis darauf, dass Dinosaurier zu den Reptilien gehörten, ein Fakt, der damals noch unbekannt war.

An den drei mittleren Zehen eines *Iguanodon*-Fußes saßen stumpfe, harte Klauen, fast wie Pferdehufe.

Familie:	Iguanodontidae
Lebensräume:	Europa und Afrika
Zeitraum:	Unterkreide, vor 140–112 Millionen Jahren
Größenbereich:	8–13 m lang

Barilium

Iguanodon

Im kreidezeitlichen England riskiert ein Rudel *Aristosuchus* einen Angriff auf einen grasenden *Iguanodon*, der einen von ihnen mit seinem Daumenstachel aufspießt.

Hadrosaurier

Die oft auch Entenschnabeldinosaurier genannten Hadrosaurier besaßen lange, abgeflachte Schnauzen, die ein wenig wie Entenschnäbel aussahen – ideal, um damit zähe Zweige oder Blätter abzubeißen. Einige trugen einen Knochenkamm auf dem Kopf. Hadrosaurier liefen normalerweise auf vier Beinen, konnten sich aber auf die Hinterbeine stellen, um hohe Äste zu erreichen.

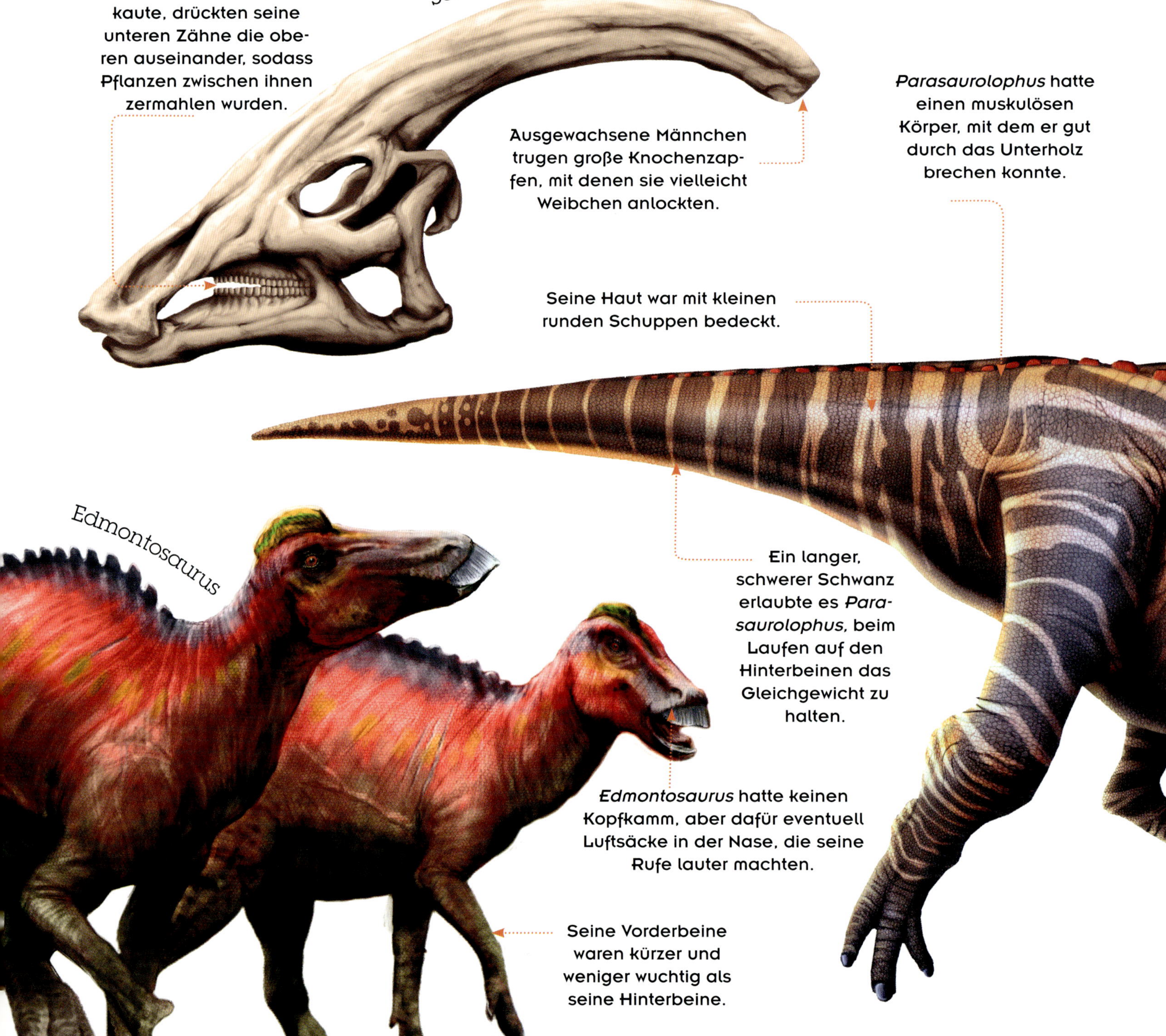

Familie:	Hadrosauridae
Lebensräume:	Nordamerika, Südamerika, Europa, Asien und Antarktika 
Zeitraum:	Oberkreide, vor 86–66 Millionen Jahren
Größenbereich:	8–15 m lang

Amurosaurus

Shantungosaurus

Maiasaura

Männchen setzten ihren kleinen, festen Kamm vielleicht bei Kopfstoßkämpfen ein.

Der hohle, gekrümmte Knochenzapfen könnte wie eine Trompete funktioniert haben, die die Rufe des Dinosauriers lauter machte.

Der Schnabel des *Parasaurolophus* hatte scharfe Kanten, mit denen er zähe Stängel zerschneiden konnte.

Parasaurolophus

Der hohle Kamm war wie ein Hammer geformt.

Große Augen sagen uns, dass das Sehen wichtig war für diese Hadrosaurier, die stets auf mögliche Angreifer achteten.

Lambeosaurus

Wie andere ornithopode („vogelfüßige") Dinosaurier hatten Hadrosaurier an jedem Fuß drei Hauptzehen.

WIE DINOSAURIER KOMMUNIZIERTEN

Durch Laute oder Körpersprache konnten Dinosaurier vor Bedrohungen warnen, Angreifer abschrecken und Partner anlocken. Paläontologen gründen ihre Theorien zur Dino-Kommunikation darauf, wie heutige Vögel und Reptilien sich verhalten. Genau wie diese dürften Dinosaurier verschiedene Rufe und Darbietungen als „Sprache" eingesetzt haben.

Dinosaurier brüllten wohl nicht wie Löwen, sondern machten eher mit geschlossenem Maul tiefe Grunz-, Groll- und Dröhngeräusche. Solche Laute, die entstanden, indem sie Luft nach oben durch den Hals drückten, werden auch heute von Vögeln und Reptilien ausgestoßen. Wie diese konnten auch Dinosaurier vielleicht viele verschiedene Laute von sich geben – von Warn- bis zu Paarungsrufen. Untersuchungen der Knochen an Dino-Ohren haben gezeigt, dass sie wahrscheinlich gut tiefe Geräusche hören konnten. Tiefe Töne legen große Entfernungen zurück, konnten also von einer verstreuten Herde oder weit entfernten Weibchen zur Paarungszeit vernommen werden.

Der Diplodocid *Apatosaurus* könnte mit seinem Schwanz wie mit einer Peitsche geknallt haben, um Angreifer abzuschrecken – ein so lautes Geräusch, als würde man eine Kanone abfeuern.

Dieser Hadrosaurus könnte Luft durch seinen hohlen Nasenkamm geblasen haben, was seine nasalen Schreie verstärkte.

Viele Dinosaurier besaßen auffällig geformte und ungewöhnlich große Körperteile – zum Beispiel Kopfschmuck, Nackenschilde, Höcker und Schädelkuppeln –, die anscheinend keinem nützlichen Zweck dienten. Viele heutige Reptilien und Vögel haben ähnliche Merkmale, wie der Kragen der Kragenechse und der lange Schwanz des Pfaus. Bei ihnen werden diese Körperteile stolzierend und posierend hergezeigt, mit dem Ziel, einen Partner anzulocken oder Rivalen zu verjagen. Wahrscheinlich machten es einige Dinosaurier ähnlich, und die größten Körperteile hatten auch den größten Erfolg.

Der Doppelkamm auf dem Kopf des Fleischfressers *Dilophosaurus* war zu fragil für den Kampf, könnte also dem Anlocken eines Weibchens gedient haben.

Dieser Theropode könnte mit seinem Höcker andere Männchen aus seinem Revier vertrieben haben.

Ein *Khaan*-Theropode könnte zum Anlocken eines Weibchens seinen prachtvollen Schwanz gezeigt haben.

Wie heutige Pfauenhennen könnten die Weibchen ihren Partner aufgrund seines gesund aussehenden Federkleids und seiner guten Show erwählt haben.

Anders als ihre kurzarmigen Eltern liefen junge *Psittaco-saurier* wohl auf allen Vieren, wenn sie auf dem Waldboden nach jungen Trieben und Samen suchten.

Psittacosaurier

Diese Ceratopsia benannte man Psittacosaurier, also „Papageienechsen“, weil ihre Schädel und Schnäbel wie die von Papageien geformt waren. Wie Papageienschnäbel konnten auch die großen, kräftigen Schnäbel der Psittacosaurier Körner zerbeißen, und ihre Schädel waren fast rund, wie die von Papageien. Anders als spätere, größere Ceratopsiden liefen ausgewachsene Psittacosaurier auf zwei Beinen statt auf vier.

Psittacosaurier konnten ihren Unterkiefer vor und zurück schieben. Wurde er zurückgezogen bis ins Innere des Oberkiefers, funktionierte er wie ein klappbarer Nussknacker – er knackte Nüsse und harte Körner auf. Wurde der Unterkiefer vorgeschoben, sodass er auf einer Höhe mit dem Oberkiefer war, konnte er Blätter und Zweige abknipsen. Anders als spätere Ceratopsiden hatten Psittacosaurier keine Mahlzähne, die zähe Pflanzen zerkauen konnten. Stattdessen schluckten sie Steine, die die Pflanzen im Magen zerkleinerten.

Die Haut der Psittacosaurier war von Schuppen bedeckt. Wissenschaftler haben kleinste Strukturen ihrer fossilisierten Haut untersucht, um herauszufinden, welche Farbe sie hatten. Sie glauben, dass Psittacosaurier braun waren, mit einem helleren Bauch sowie einigen Punkten und Streifen an den Beinen. Diese gefleckte Haut dürfte in Wäldern, wo das Sonnenlicht in Streifen und Flecken durch die Blätter fällt, eine sehr gute Tarnung gewesen sein.

Am Schwanz des *Psittacosaurus* saßen einige lange Borsten, die vielleicht bei Balzritualen zur Paarungszeit Verwendung fanden.

Familie:	Psittacosauridae
Lebensraum:	Asien
Zeitraum:	Unterkreide, vor 126–101 Millionen Jahren
Größenbereich:	1,40–2 m lang

Psittacosaurus ordosensis

Psittacosaurus sibericus

PROTOCERATOPSIDEN

Diese frühen Ceratopsia waren kleiner und hatten auch kleinere Schilde und Hörner als spätere Vertreter ihrer Gruppe. Protoceratopsiden liefen auf vier kurzen Beinen, vermutlich ziemlich langsam. Mit ihren hakenförmigen Schnäbeln pflückten sie Pflanzen, die sie dann mit Dutzenden Zähnen zermalmten. Ihre Kiefer waren groß und stark, sodass sie kräftig zubeißen und kauen konnten.

Form und Größe der Augenhöhlen von Protoceratopsiden legen nahe, dass viele von ihnen große Augen besaßen. Diese sind sowohl bei Raubtieren verbreitet, wo sie zur Beutebeobachtung eingesetzt werden, als auch bei nachtaktiven Tieren, denen sie beim Sehen im Dämmerlicht helfen. Da uns Kiefer und Zähne der Protoceratopsia verraten, dass sie definitiv Pflanzen fraßen, denken manche Paläontologen, dass sie vielleicht nachtaktiv waren. Da Protoceratopsiden wohl in heißen Wüsten lebten, wäre das praktisch gewesen, um die brennende Sonne zu meiden. Andere Paläontologen fragen sich, ob Protoceratopsiden vielleicht Tag und Nacht abwechselnd einige Stunden aktiv waren und schliefen, wie heutige Hamster.

Protoceratopsiden hatten noch keine richtigen Hörner im Gesicht, dafür aber einen Höcker auf der Schnauze. Männchen trugen größere Höcker als Weibchen; sie könnten also Merkmale gewesen sein, die die Männchen zur Paarungszeit den Weibchen präsentierten.

Einige *Protoceratops*-Arten hatten sehr große Nackenschilde, andere eher kleine. Dinosaurier mit größeren Schilden könnten mehr Partnerinnen angezogen haben.

Familie:	Protoceratopsidae
Lebensraum:	Asien
Zeitraum:	Oberkreide, vor 85–70,6 Millionen Jahren
Größenbereich:	1,50–2 m lang

Graciliceratops

Protoceratops

Protoceratops-Mütter legten ihre Eier sorgfältig in runden Nestern ab und passten möglicherweise auf sie auf, bis sie schlüpften.

Ceratopsiden

Schädel von Ceratopsiden weisen prachtvolle, ausladende Nackenschilde sowie scharfe Nasen- oder Stirnhörner auf. Diese Pflanzenfresser liefen auf vier Beinen, wahrscheinlich in großen Herden wie die Büffel unserer Zeit. Ceratopsiden mussten immer gut auf hungrige Tyrannosaurier aufpassen, aber ihre mächtige Größe konnte sie vor den meisten Attacken schützen.

Familie:	Ceratopsidae
Lebensräume:	Nordamerika und Asien 
Zeitraum:	Oberkreide, vor 83–66 Millionen Jahren
Größen-bereich:	4,50–9 m lang

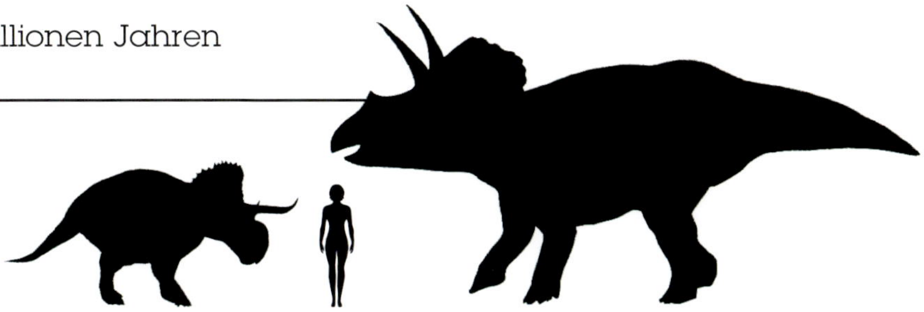

Nasutoceratops

Eotriceratops

Der Nackenschild könnte den Nacken vor Bissen geschützt haben, war aber wohl eher ein Merkmal, um Partner anzulocken.

Triceratops („Dreihorngesicht") trug zwei bis zu 1 m lange Hörner auf der Stirn und eins auf der Nase.

Aus dem Nackenschild des *Styracosaurus* ragten vier bis sechs Knochenspitzen empor.

Das 60 cm lange Nasenhorn fand wohl Verwendung in Kämpfen um Partner und Macht mit anderen Mitgliedern der Herde.

Der harte, scharfkantige Schnabel wurde zum Abrupfen von Farnen und Palmblättern verwendet.

Styracosaurus

Schädel eines Triceratops

Bei anderen Ceratopsiden gab es große, hautbedeckte Löcher in den Knochen, die den Nackenschild leichter machten, aber der Schild eines *Triceratops* war massiv.

Hinter dem Schnabel saßen 36 bis 40 Zähne, mit denen der Triceratops Pflanzen zermahlen konnte. Darunter lagen aufgereiht bis zu 760 Ersatzzähne.

Zwei *Prenocephales*-Männchen rammen sich gegenseitig mit ihren harten, dornbewehrten Schädeln.

Pachycephalosaurier

Pachycephalosaurier besaßen sehr dicke, ungewöhnlich geformte Schädel. Manche Schädeldecken waren kuppel- oder keilförmig, andere – vielleicht bei Weibchen oder noch nicht ausgewachsenen Jungtieren – merkwürdig flach. Oft wiesen sie auch noch Höcker oder kleine Hörner auf. Pachycephalosaurier liefen auf den Hinterbeinen und fraßen Blätter, Wurzeln sowie eventuell auch kleine Tiere.

Viele Paläontologen glauben, dass Pachycephalosaurier ihre robusten Schädel in Kopfstoßkämpfen eingesetzt haben. Männchen könnten um Weibchen, Macht oder die besten Fressplätze gekämpft haben – so, wie sich heutige Bergziegen gegenseitig rammen. Einige Pachycephalosaurierschädel weisen Schäden auf, die bei einem solchen Kampf entstanden sein könnten.

Pachycephalosaurier hatten große Augen, also vermutlich eine hohe Sehkraft. Auch der vorderste Teil ihres Gehirns, wo Gerüche verarbeitet werden, war groß. Sie waren also wohl sowohl gut darin, Nahrung zu finden, als auch darin, nach Angreifern wie dem *Tyrannosaurus* zu schauen.

Die Zähne ganz vorn in ihren Mäulern waren scharf und spitz, wie die eines fleischfressenden Dinosauriers. Die hinteren Zähne waren breit und blattfömig, um Blätter zu kauen. Diese Zahnmischung, wie auch die guten Sinneskräfte der Pachycephalosaurier, lassen Paläontologen glauben, dass sie vielleicht Allesfresser waren, die sowohl Insekten und andere kleine Tiere als auch Pflanzen verspeisten.

Das Gehirn des *Pachycephalosaurus* war bei Kämpfen durch seine 25 cm dicke Schädelkuppel geschützt.

Familie:	Pachycephalosauridae
Lebensräume:	Nordamerika und Asien
Zeitraum:	Oberkreide, vor 90–66 Millionen Jahren
Größenbereich:	2–4,50 m lang  

Foraminacephale — Pachycephalosaurus

Thyreophora

Diese pflanzenfressenden Dinosaurier waren gegen Attacken von Fleischfressern exzellent geschützt. Thyreophora (altgriechisch) bedeutet „Schildträger". Frühe Thyreophora besaßen nur eine Schutzschicht aus Knochenplatten, ihre späteren Verwandten dazu noch lange Stacheln oder schwere Schwanzkeulen.

Die frühesten Vertreter dieser Gruppe wie *Scutellosaurus* entwickelten sich im Unterjura. Sie waren klein und leicht genug, um auf den Hinterbeinen zu laufen. Ihre kleinen Knochenplatten dürften sie gegen kleine Angreifer geschützt, aber nicht vor den großen fleischfressenden Dinos gerettet haben, die sich gleichzeitig mit ihnen entwickelten.

Einige Millionen Jahre später waren besser geschützte Thyreophora wie *Scelidosaurus* entstanden. Diese waren größer und hatten auch größere Knochenplatten. Wie bei späteren Verwandten bewirkte ihr höheres Gewicht, dass sie auf allen Vieren liefen.

Bis zum Mitteljura hatten sich die Thyreophora in zwei Untergruppen aufgespalten: Stegosaurier („bedeckte Echsen") und Ankylosaurier („steife Echsen"). Die Stegosaurier hatten Stachel- oder Plattenreihen entlang des Rückens sowie Stachelschwänze; die Körper der Ankylosaurier erinnerten mit ihren massiven Knochenplatten an Kriegspanzer.

Ankylosaurier wie *Gastonia*, die zur Zeit der Unterkreide lebten, hatten Geschwindigkeit und Beweglichkeit einem gedrungenen, stark bewehrten Körper geopfert.

Die Beine der Thyreophora

Diese Dinosaurier besaßen – von den frühen abgesehen – dicke Beine und breite Füße. Ihre Vorderbeine waren meist viel kürzer als die Hinterbeine. All dies legt nahe, dass Thyreophora langsame Geher und unbeholfene Sprinter waren. Sie gehörten zu den Ornithischia (Vogelbeckensauriern).

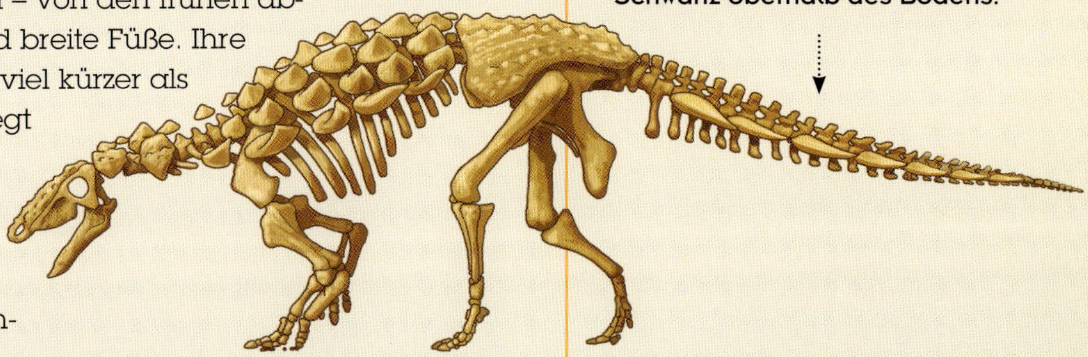

Wegen seiner kurzen Vorderbeine hatte *Mymoorapelta* einen gerundeten Rücken und hielt seinen Schwanz oberhalb des Bodens.

Ein Ankylosaurier, den man nach einem Monster aus dem Film *Ghostbusters* (1984) *Zuul* nannte, setzt seine Schwanzkeule ein, um einen *Daspletosaurus* abzuwehren.

SCHUPPEN, PLATTEN UND STACHELN

Einige fleischfressende Dinosaurier hatten Federn, doch die Haut der meisten Dinos war von Schuppen bedeckt. Thyreophora besaßen außerdem größere, härtere Deckplatten, die noch besser schützten. Bei einigen waren die Platten zu Schilden oder scharfen Stacheln aufgestellt. Diese dienten als Waffen – oder vielleicht auch nur als Dekoration.

Schuppen sind kleine, harte Plättchen, die aus der oberen Hautschicht eines Tieres wachsen, um es vor Austrocknung oder Beschädigung zu bewahren. Sie bestehen aus Keratin, dem gleichen Material wie unsere Nägel. Wie heutige Schlangenschuppen gab es Dinoschuppen in allen Formen und Größen. Dinos hatten oft kleinere Schuppen an Körperteilen, die beweglich sein mussten, wie den Beinen, und größere an Stellen wie den Fußsohlen, die stärker beansprucht wurden.

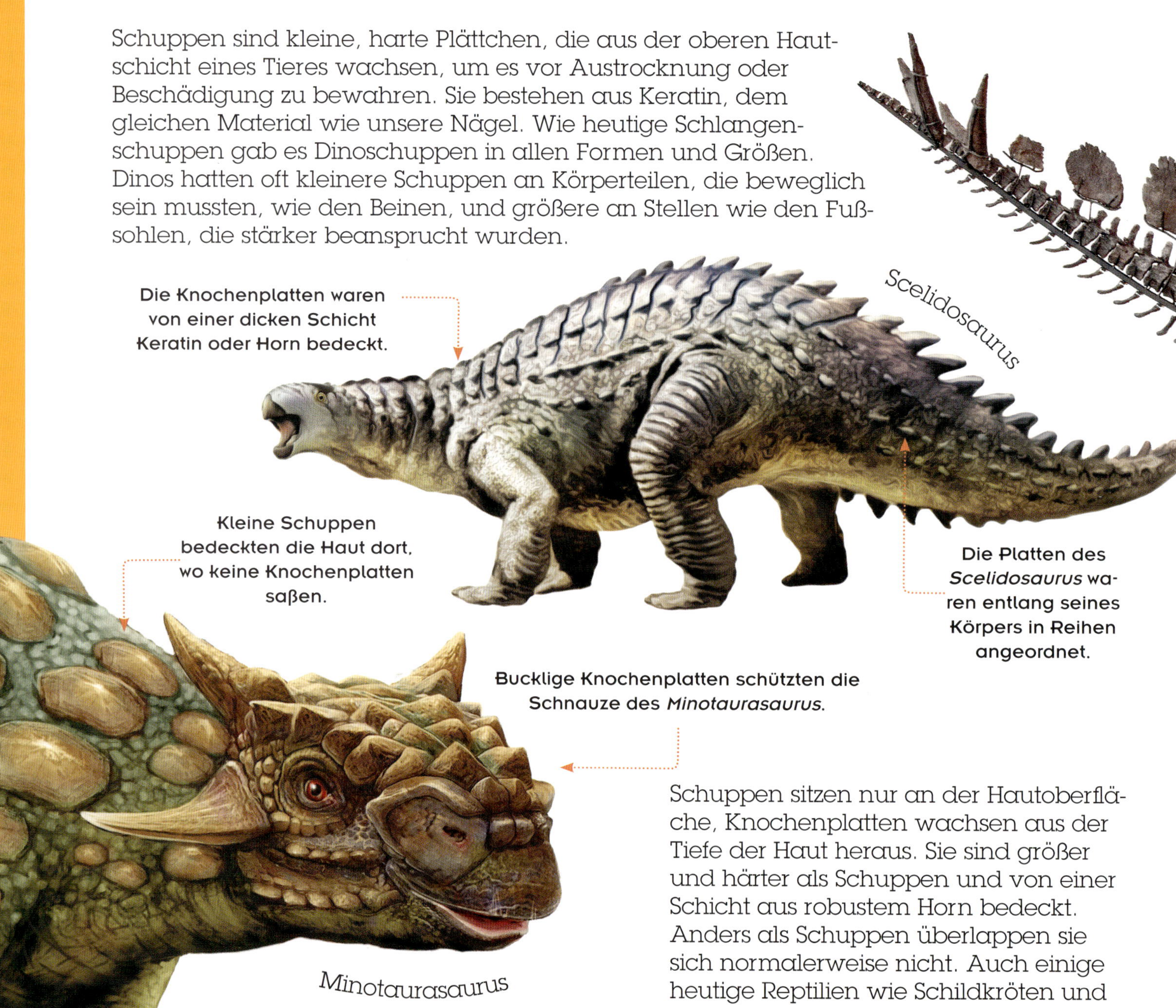

Scelidosaurus

Die Knochenplatten waren von einer dicken Schicht Keratin oder Horn bedeckt.

Die Platten des *Scelidosaurus* waren entlang seines Körpers in Reihen angeordnet.

Kleine Schuppen bedeckten die Haut dort, wo keine Knochenplatten saßen.

Bucklige Knochenplatten schützten die Schnauze des *Minotaurasaurus*.

Minotaurasaurus

Schuppen sitzen nur an der Hautoberfläche, Knochenplatten wachsen aus der Tiefe der Haut heraus. Sie sind größer und härter als Schuppen und von einer Schicht aus robustem Horn bedeckt. Anders als Schuppen überlappen sie sich normalerweise nicht. Auch einige heutige Reptilien wie Schildkröten und Krokodile haben solche Platten.

Die Knochenplatten dieses Dinosauriers waren wie Stacheln geformt, was ihm den Namen *Animantarx* („lebende Festung") verlieh.

Animantarx

Die größten Knochenplatten des *Stegosaurus* waren bis zu 60 cm hoch und 60 cm breit.

Die meisten Knochenplatten lagen flach auf den Körpern der Dinosaurier, aber manche ragten aufrecht heraus, manchmal auch als Stacheln. Nicht alle diese Gebilde waren fest genug, um sie in Kämpfen einzusetzen, daher könnten sie auch dazu gedient haben, die Aufmerksamkeit einer Partnerin zu erlangen oder Rivalen einzuschüchtern.

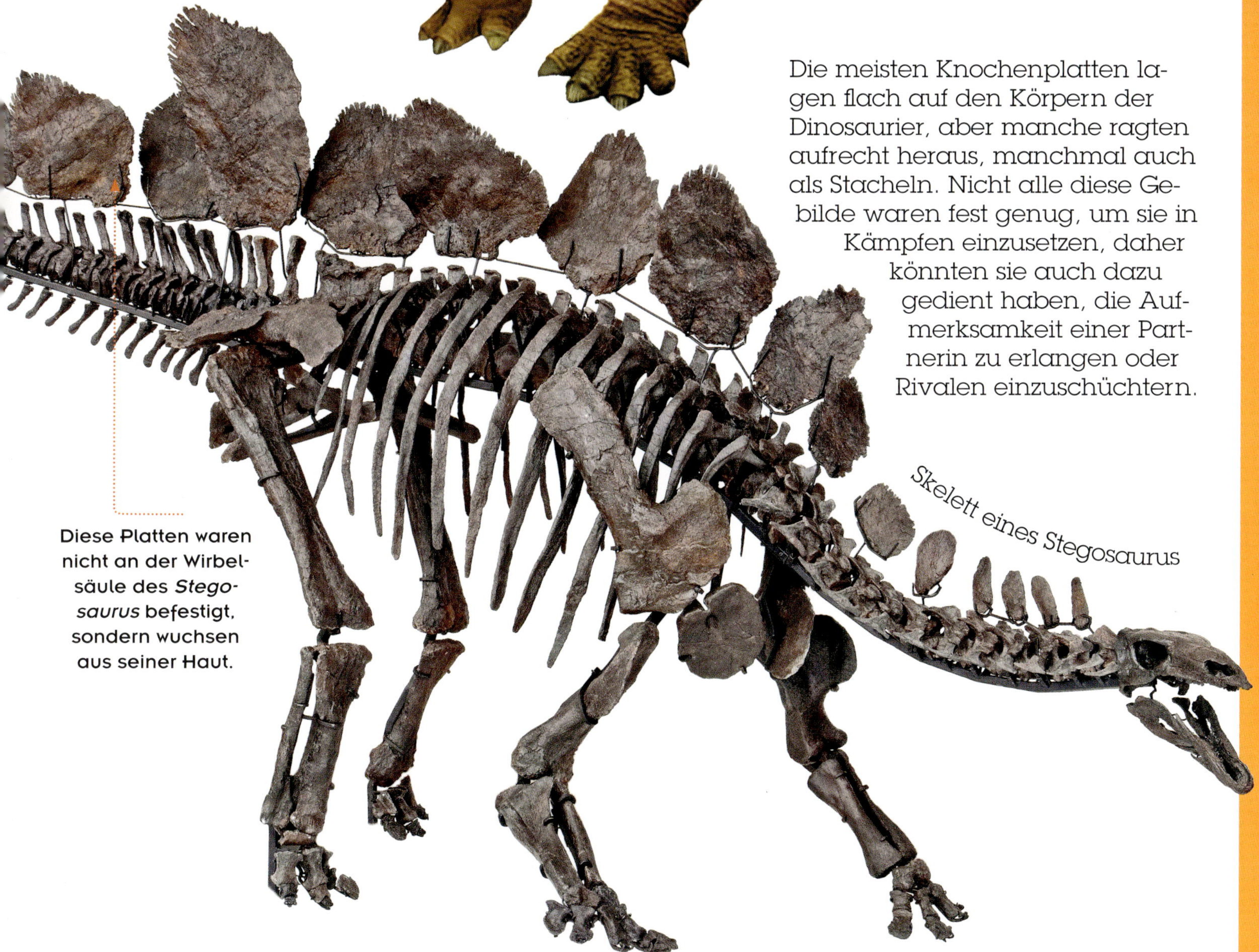

Skelett eines Stegosaurus

Diese Platten waren nicht an der Wirbelsäule des *Stegosaurus* befestigt, sondern wuchsen aus seiner Haut.

Seine relativ leichten Hornplatten und langen Hinterbeine sorgten dafür, dass *Scutellosaurus* schnell rennen konnte – aber vielleicht nicht schnell genug, um dem *Dilophosaurus* zu entkommen ...

SCUTELLOSAURIER

Scutellosaurus war der früheste und kleinste der Thyreophora. Er konnte schnell auf den Hinterbeinen laufen und beim Fressen auch seine kurzen „Arme“ auf den Boden bringen. Sein Name bedeutet „Echse mit kleinem Schild“. Entlang des Nackens und Rückens saßen einfache Hornplatten, außerdem besaß er einen langen Schwanz, der dieses Zusatzgewicht ausbalancierte.

Scutellosaurus besaß Hunderte von Hornplatten, die in Reihen entlang seines Nackens, Rückens und seiner Flanken angeordnet waren. Je nach Lage am Körper waren sie unterschiedlich in Größe und Form, einige lang und flach, andere dreieckig und aufrecht, wie kleinere Versionen der großen Platten, die spätere Thyreophora aufwiesen.

Seine kleinen Platten ermöglichten es *Scutellosaurus,* sich zu krümmen und zu drehen, schützten aber auch ein wenig vor den Zähnen und Klauen von Fleischfressern seiner Größe. Zu denen gehörte im damaligen Nordamerika der kleine Theropode *Kayentavenator*.

Doch in der Region entwickelten sich bereits größere Theropoden mit größeren Kiefern, darunter der 3 m lange *Ceolophysis* und, noch gefährlicher, der 7 m lange *Dilophosaurus*. Gegen diese gewichtigen Raubsaurier mit den großen Zähnen blieb dem *Scutellosaurus* als einzige Strategie daher nur noch: wegrennen.

Mit seinen blattförmigen, raukantigen Zähnen schnitt *Scutellosaurus* Blätter von tief hängenden Ästen. Die *Scutellosaurus*-Zähne, die Paläontologen bisher gefunden haben, sind nicht abgenutzt, was nahelegt, dass er sein Essen vor dem Schlucken nicht zerkaut hat.

Die größten Hornplatten hatte *Scutellosaurus* vermutlich am Rücken – die Körperregion, die bei einem Angriff am schwierigsten zu schützen ist.

Familie:	Scutellosauridae
Lebensraum:	Nordamerika
Zeitraum:	Unterjura, vor 196 Millionen Jahren
Größenbereich:	1,20 m lang Scutellosaurus

Emausaurier

Mit seinen stachelförmigen Knochenplatten war *Emausaurus* schon besser bewehrt als frühere Thyreophora, auch war er gedrungener und schwerer. Als ausgewachsener Dino ging *Emausaurus* wahrscheinlich auf allen Vieren, als kleineres und leichteres Jungtier konnte er vielleicht noch auf den Hinterbeinen laufen. Beim Umherziehen fraß *Emausaurus* niedrige Büsche und Farne.

Emausaurus wurde nach der Ernst-Moritz-Arndt-Universität (EMAU) in Greifswald benannt, deren Studenten an der Bergung der Fossilien beteiligt waren, welche in den 1960er Jahren in Mecklenburg-Vorpommern gefunden wurden. Man fand kein ganzes Skelett, sondern nur einige Teile eines Dinosaurierschädels, Kiefer-, Schenkel- und Fußknochen sowie drei kegelförmige Knochenplatten und eine längere stachelförmige Knochenplatte.

Auf Basis dieser wenigen Fossilien mussten die Paläontologen sich nun zusammenreimen, wie *Emausaurus* ausgesehen haben könnte. Dabei half ihnen der Körper eines wohl nahen Verwandten, des *Scelidosaurus*. Aufgrund der Größe der *Emausaurus*-Knochen nimmt man an, dass ein ausgewachsenes Tier etwa 240 kg wog, dreimal so viel wie ein durchschnittlicher Mann.

In der *Emausaurus*-Gegend hat man noch weitere Fossilien aus dem Unterjura gefunden – Landtiere wie Insekten und sauropodomorphe Dinos, aber auch Meerestiere wie Fische und schwimmende Reptilien. Dies legt nahe, dass Nordostdeutschland in der Jurazeit eine Küstenregion war.

Emausaurus **hatte einen langen, fast dreieckigen Schädel mit spitzer Schnauze.**

Gattung:	Emausaurus
Lebensraum:	Europa
Zeitraum:	Unterjura, vor 181 Millionen Jahren
Größenbereich:	3–4 m lang

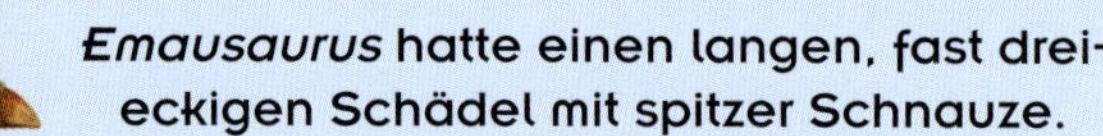

Dem *Emausaurus* schmeckt der Farn, während Insekten der Jurazeit, die an heutige Grashüpfer, Käfer und Libellen erinnern, vorbeihüpfen, -krabbeln und -fliegen.

Im England der Jurazeit lief *Scelidosaurus* Gefahr, Fleischfressern wie dem scharfzahnigen *Megalosaurus*, der 9 m lang wurde, zum Opfer zu fallen.

Scelidosaurier

Gesicht, Nacken, Rücken und Schwanz des *Scelidosaurus* wurden von Hunderten Knochenplatten geschützt – großen und kleinen, runden und ovalen, spitzen und flachen. Diese waren so robust, dass sich Angreifer an ihnen die Zähne ausbissen. Fossilien dieses Dinosauriers hat man bisher nur bei Charmouth an der englischen Südküste gefunden, die ersten im Jahr 1858.

Die Knochenplatten des *Scelidosaurus* saßen in parallelen Reihen. Die größeren standen spitz aus dem Körper hervor, sodass es Angreifern schwerfiel, mit ihren Zähnen oder Klauen an das Fleisch des *Scelidosaurus* heranzukommen. Zwischen den Knochenplatten war die Haut von kleinen Schuppen geschützt.

Scelidosaurus fraß Blätter in einer Höhe von bis zu 1 m; er schnitt sie mit seinen blattförmigen Zähnen ab. Er konnte nicht gut kauen, weil seine Kiefer sich nur starr nach oben und unten bewegen konnten. Vermutlich zermalmte er sein Essen ein wenig zwischen den oberen und unteren Zähnen und schluckte es dann herunter.

In seinem großen Magen wurde es dann vielleicht von winzigen Bakterien zersetzt, die dort lebten. Auf diese Weise gelangen heute Kühe und einige andere große Pflanzenfresser an die Nährstoffe aus ihrer Pflanzennahrung.

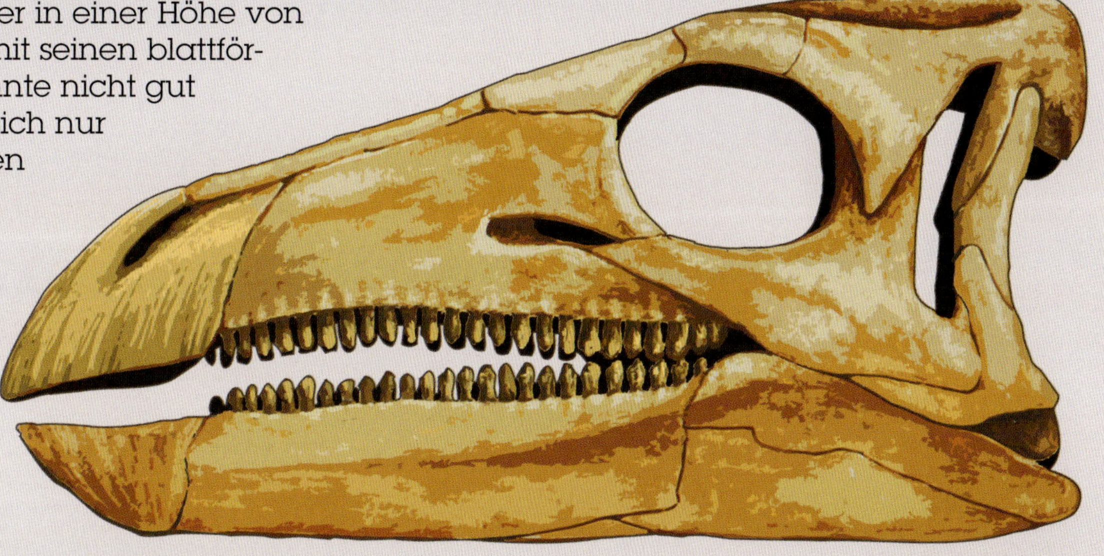

Außer den Nasenlöchern und Augenhöhlen gab es im *Scelidosaurus*-Schädel weitere Öffnungen vor und hinter den Augen, die den Schädel leichter machten. Spätere Thyreophora hatten massivere Schädel ohne diese Öffnungen.

Familie:	Scelidosauridae
Lebensraum:	Europa
Zeitraum:	Unterjura, vor 197–183 Millionen Jahren
Größenbereich:	3–4 m lang

Scelidosaurus

DAS TEMPO DER DINOS

Die schnellsten Dinosaurier konnten wahrscheinlich schneller rennen als ein menschlicher Athlet, doch die langsamsten wären vermutlich von einem Kind überholt worden. Paläontologen schätzen die Geschwindigkeiten von Dinosauriern auf Basis ihrer Fußspuren und Körperformen ein, aber auch in Relation zu den Geschwindigkeiten heutiger Tiere.

Haben wir eine ganze Reihe von Dino-Fußspuren, kann sie uns Aufschluss darüber geben, wie schnell das Tier wohl gegangen oder gerannt ist. Dazu verwenden Paläontologen die Maße der Größe und Tiefe der einzelnen Spuren sowie der Entfernungen zwischen ihnen. Sie finden heraus, von welchem Dinosaurier die Spuren stammen, indem sie zum Beispiel die Anzahl der Zehen mit den Dinosaurierknochen, die in der betreffenden Region gefunden wurden, abgleichen. Die schnellste so gemessene Dino-Laufgeschwindigkeit ist etwa 43 km/h, etwas schneller als die besten menschlichen Sprinter. Die Spur stammte von einem mittelgroßen Theropoden.

Ein Sauropode hinterließ tiefe, deutliche Fußspuren, weil er eher langsam lief.

Die besten Spuren blieben bei Ebbe im weichen Schlamm zurück.

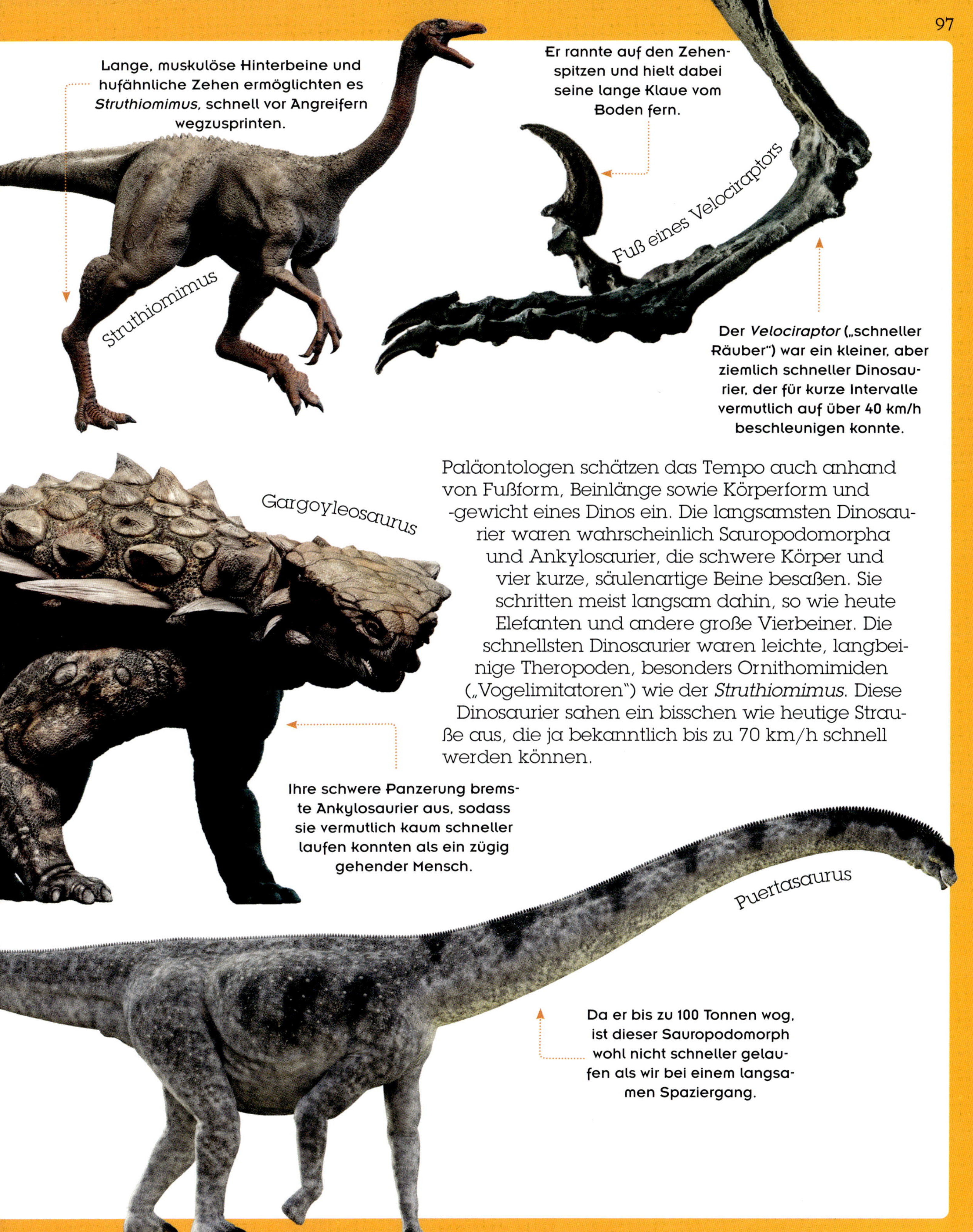

Paläontologen schätzen das Tempo auch anhand von Fußform, Beinlänge sowie Körperform und -gewicht eines Dinos ein. Die langsamsten Dinosaurier waren wahrscheinlich Sauropodomorpha und Ankylosaurier, die schwere Körper und vier kurze, säulenartige Beine besaßen. Sie schritten meist langsam dahin, so wie heute Elefanten und andere große Vierbeiner. Die schnellsten Dinosaurier waren leichte, langbeinige Theropoden, besonders Ornithomimiden („Vogelimitatoren") wie der *Struthiomimus*. Diese Dinosaurier sahen ein bisschen wie heutige Strauße aus, die ja bekanntlich bis zu 70 km/h schnell werden können.

Huayangosaurier

Die Huayangosaurier waren eine Familie früher Stegosaurier. Sie waren viel kleiner als spätere Vertreter dieser Gruppe, hatten aber wie ihre Verwandten stachelbewehrte Schwänze und lange Knochenplatten entlang ihres Rückens. Sie liefen auf vier Beinen und suchten nach niedrig wachsenden Pflanzen, die sie dann mit ihren hornbedeckten Schnäbeln abknipsten.

Das Familienmitglied, das man anhand von Fossilien am besten kennt, ist *Huayangosaurus*. Dieser besaß zwei Reihen langer Knochenplatten und Stacheln entlang des Nackens, Rückens und Schwanzes. Sie waren kleiner als die von späteren Stegosauriern. Die Platten über den Hüften waren die längsten, vielleicht, um diesen ziemlich niedrigen Dino vor Attacken von oben zu schützen. Außerdem besaß *Huayangosaurus* zwei lange, beeindruckende Schulterstacheln. Diese könnten bei einem Angriff nützlich gewesen sein, aber auch zum Anlocken einer Partnerin gedient haben. Kleinere Platten schützten die Flanken des *Huayangosaurus*.

An der Schwanzspitze saß eine kleine Keule, am hinteren Schwanzende gab es zwei Stachelpaare, die der Dino durch Peitschen mit dem Schwanz als Verteidigungswaffe einsetzen konnte. Der Zeichner Gary Larson dachte sich 1982 in seinem Comic *The Far Side* dafür den Namen „Thagomizer" aus. Die Paläontologen mochten diese Bezeichnung und begannen, sie ganz offiziell zu verwenden.

Diese Dinosaurier knipsten Blätter und Zweige mit ihren scharfkantigen Schnäbeln ab. Hilfreich waren auch ihre 14 spatenförmigen Zähne, die vorn im Oberkiefer saßen.

Familie:	Huayangosauridae
Lebensräume:	Europa und Asien
Zeitraum:	Mitteljura bis Unterkreide, vor 165–121 Millionen Jahren
Größenbereich:	4–5 m lang

Regnosaurus Chungkingosaurus

Huayangosaurus lebte in der heutigen chinesischen Provinz Huayang, die wegen ihrer Seen und Flüsse eine üppige Tier- und Pflanzenwelt besaß.

STEGOSAURIER

Stegosaurier hatten dünne Knochenplatten oder -stacheln oben entlang des Nackens, Rückens und Schwanzes. In einem Kampf dürften diese jedoch nutzlos gewesen sein. Da außerdem an ihren Flanken keine Platten saßen, war ihre einzige Waffe der „Thagomizer“. Möglicherweise dienten all die Knochenplatten der Stegosaurier gar nicht mehr ihrem Schutz, sondern waren bloße Dekoration, die bei der Partnerwahl eingesetzt wurde.

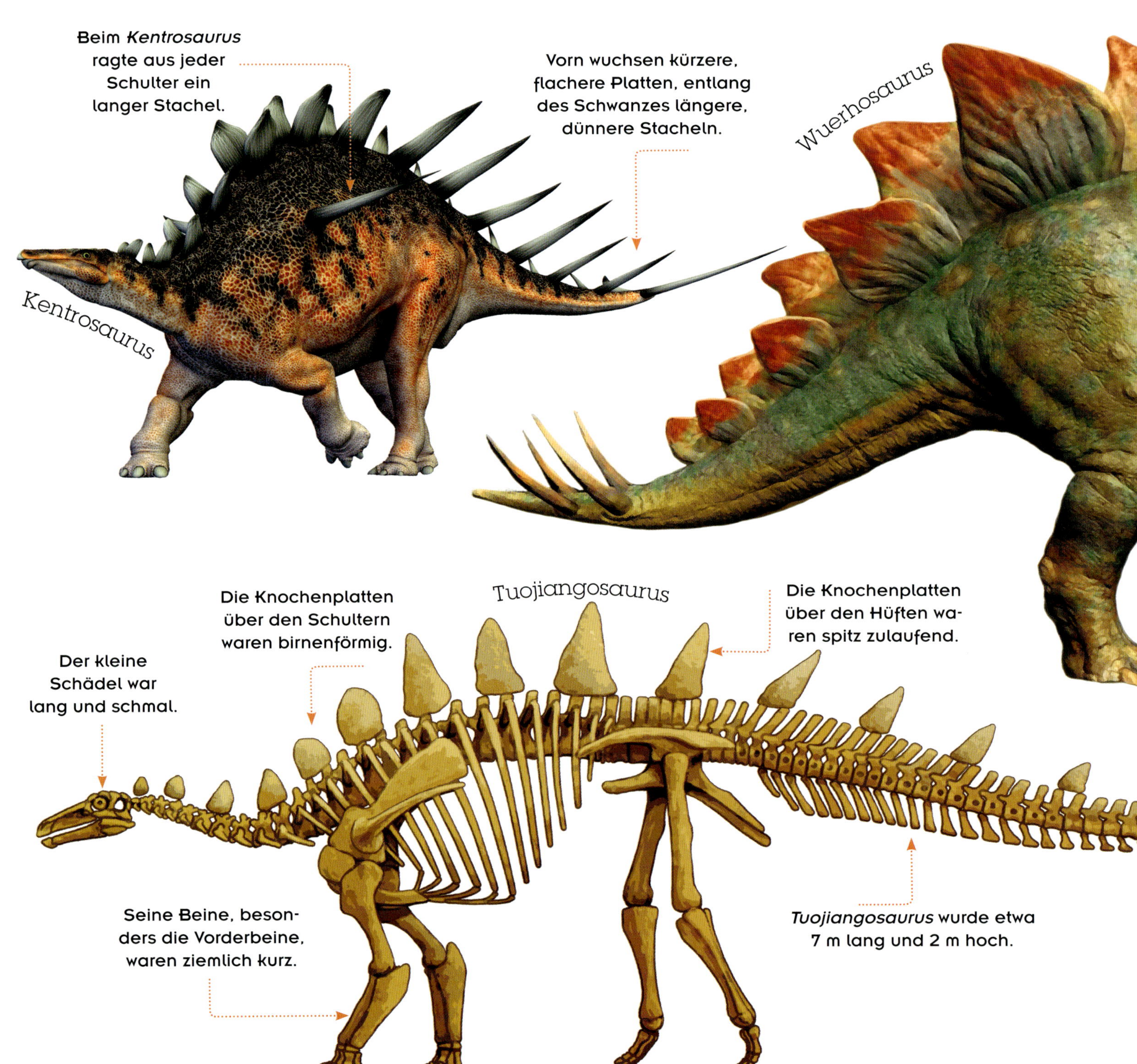

Familie:	Stegosauridae
Lebensräume:	Nordamerika, Europa, Asien und Afrika
Zeitraum:	Mitteljura bis Unterkreide, vor 165–125 Millionen Jahren
Größenbereich:	5–10 m lang Yingshanosaurus Dacentrurus

Bei der Attacke eines *Acrocanthosaurus* muss *Borealopelta* auf seinen weicheren, ungeschützten Bauch aufpassen.

Nodosaurier

Die Gruppe der Nodosaurier („Knotenechsen") gehört zu den Ankylosauriern. Wie die anderen Ankylosaurier waren Nodosaurier schwer gepanzert, mit Knochenplatten, die ihre Körper bedeckten, und Stacheln, die wie Speere aus ihren Schultern ragten. Anders als ihre Verwandten hatten sie aber keine knöchernen Keulen an den Schwänzen. Nodosaurier waren gedrungene Tiere mit vier säulenartigen Beinen, die ihr Gewicht tragen konnten.

Im Jahr 2011 fanden Bergleute in Kanada das Fossil eines neuen Nodosaurus, der heute *Borealopelta* („nördlicher Schutzschild") genannt wird. Paläontologen waren begeistert: Bei den meisten Fossilien sind Haut und Fleisch des Tieres längst verrottet, aber dieser Dino war wohl so schnell von Sand begraben worden, dass ein Großteil seiner Haut noch erhalten war.

So sah man am Fossil genau, wo die Knochenplatten des *Borealopelta* gesessen hatten, und dass sie von Haut und hartem Horn bedeckt gewesen waren. Untersuchungen der Haut und der Schuppen rund um die Platten ergaben, dass *Borealopelta* rotbraun gewesen sein muss, mit helleren Flecken, die bei der Tarnung halfen.

Sogar der Inhalt des *Borealopelta*-Magens war erhalten und zeigte, dass seine letzte Mahlzeit fast ausschließlich aus Farn bestand. Das lässt vermuten, dass Nodosaurier wählerisch waren, was ihre Nahrung anging. Nach den gewünschten Blättern schnappten sie mit ihren schmalen, hartkantigen Schnäbeln.

Unter der Haut waren die Knochenplatten des *Polacanthus* oft zu großen, soliden Panzerungen verbunden, die kein Angreifer hätte durchdringen können.

Familie:	Nodosauridae
Lebensräume:	Nordamerika, Europa, Asien, Afrika und Antarktika
Zeitraum:	Oberjura bis Oberkreide, vor 155–66 Millionen Jahren
Größenbereich:	3–7 m lang

Acanthopholis

Panoplosaurus

Ankylosaurier

Dinos aus der Gruppe der Ankylosaurier hatten Knochenkeulen an ihren Schwanzspitzen, die ihren Feinden schwere Hiebe versetzt haben dürften. Ihre Körper und Schädel waren von dicken Knochenplatten bedeckt; winzige Plättchen füllten die Lücken dazwischen, sodass eine fast durchgängige Panzerung entstand. Die letzten Ankylosaurier starben vor 66 Millionen Jahren aus, nachdem ein Asteroid auf der Erde eingeschlagen war.

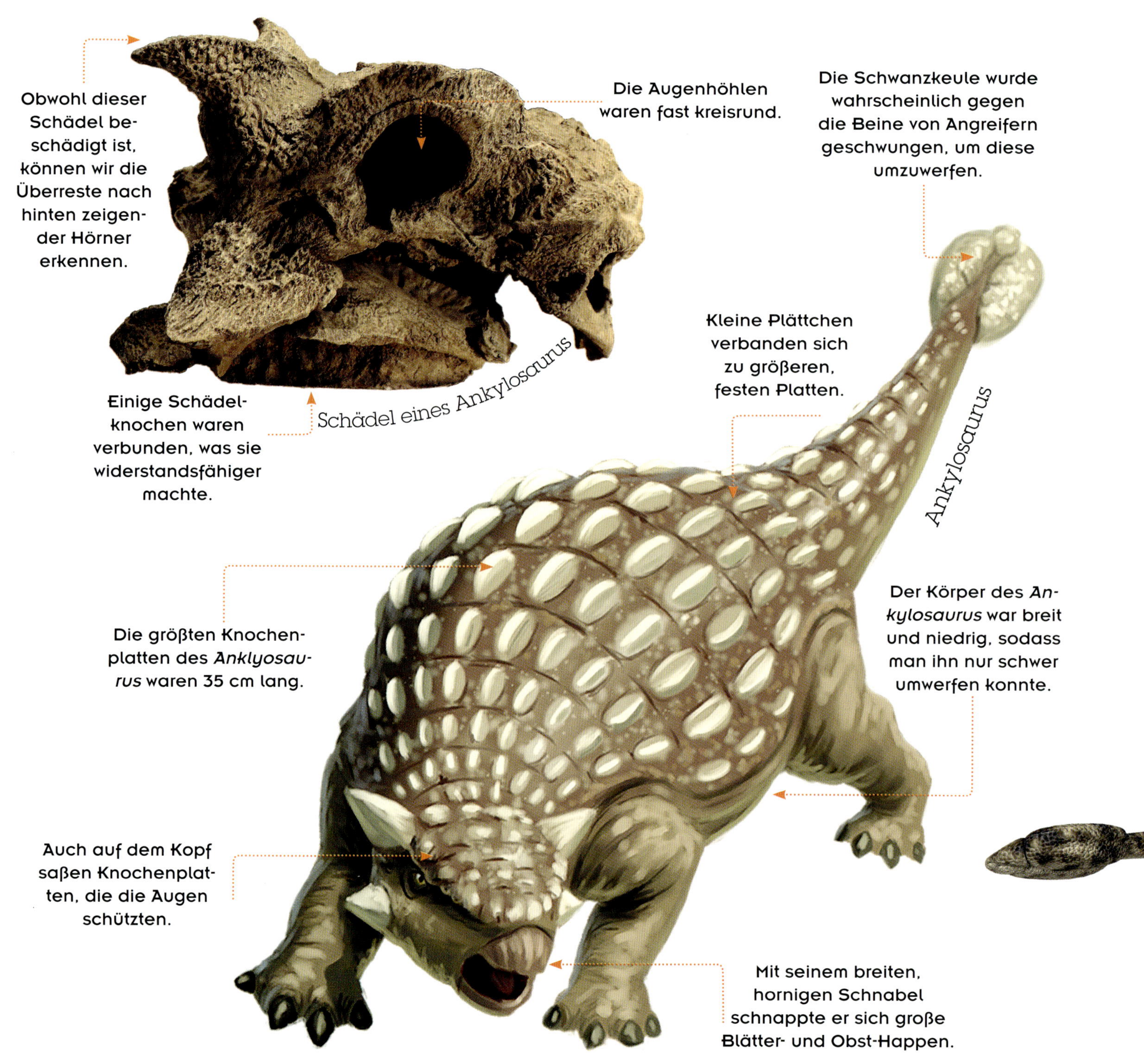

Familie:	Ankylosauridae
Lebensräume:	Nordamerika, Europa und Asien
Zeitraum:	Unter- bis Oberkreide, vor 122–66 Millionen Jahren
Größen-bereich:	3,60–8 m lang

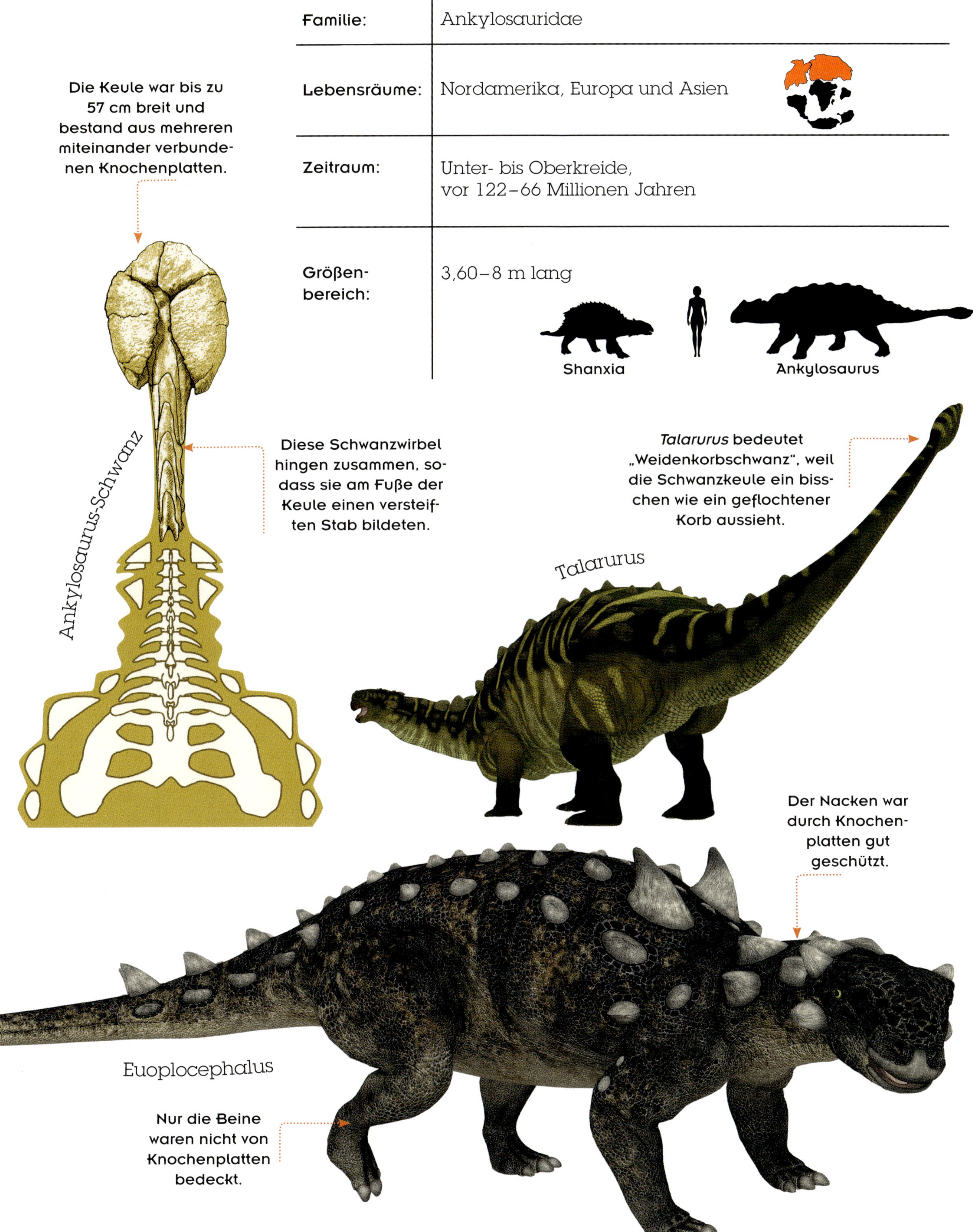

Zu Wasser und in der Luft

Die ersten 15 Millionen Jahre nach ihrer Entstehung liefen Reptilien auf allen Vieren an Land herum. Dann, vor 300 Millionen Jahren, wagten sich einige Reptilien in Ozeane und Seen. Etwa 70 Millionen Jahre später eroberten andere Reptilien den Himmel – erst hüpfend, dann gleitend und schließlich flatternd.

Lange bevor sich die Dinosaurier entwickelten, begannen einige an Land lebende Reptilien, sich an ein Leben im Wasser anzupassen. Über Millionen von Jahren wurden aus ihren Beinen Flossen und ihre Körper wurden stromlinienförmiger, damit sie besser schwimmen konnten. Wie alle Reptilien mussten auch sie Luft atmen und kamen daher regelmäßig an die Wasseroberfläche. Einige, wie krokodilähnliche Reptilien, legten ihre Eier weiterhin an Land. Andere, darunter die Ichthyosaurier, hatten inzwischen Körper, die an Land gar nicht mehr funktionierten, und gebaren deshalb im Wasser lebende, schwimmende Junge. Als die Dinosaurier an Land regierten, waren schwimmende Reptilien die beherrschenden Raubtiere der Ozeane.

Die fliegenden Reptilien, Pterosaurier („geflügelte Echsen") genannt, waren „Cousins" der Dinosaurier. Um sich dem Leben in der Luft anzupassen, entwickelten sie hohle, luftgefüllte Knochen, die sie leichter machten. Ihre Arme und Hände wurden zu Flügeln. Ihre Haut wies hier und da noch Schuppen auf, war sonst aber mit sogenannten Pycnofasern bedeckt – haarähnlichen Fäden, die weicher waren als Federn.

Die bis zu 4,60 m lange Schildkröte *Archelon* schwamm vor 80 bis 74 Millionen Jahren in den Ozeanen. Anders als Ptero- und Dinosaurier konnten einige Schildkröten den Asteroideneinschlag vor 66 Millionen Jahren überleben.

Auf der Insel Hateg im Tethysmeer attackiert der 5,50 m große Pterosaurier *Hatzegopteryx* einen krokodilähnlichen *Acynodon*.

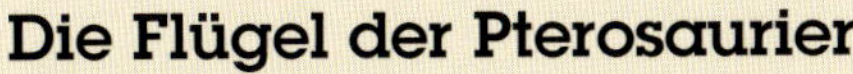

Die Flügel der Pterosaurier

Pterosaurierflügel waren Häute, die sich zwischen ihren Beinen und den stark verlängerten vierten Fingern an beiden Armen aufspannten. Die anderen drei Krallenfinger ragten vorn aus den Flügeln heraus. Die Flughäute wurden durch Muskeln und stabile Fasern verstärkt. Pterosaurier nutzten beim Start vermutlich sowohl Arme und Beine – sie stellten sich hin und hüpften dann in die Luft.

Ein spezieller Knochen im Handgelenk des Pterosauriers, der Spannknochen (Pteroid, hier in grün), verstärkte die Kontrolle über die Vorderkante der Flügel.

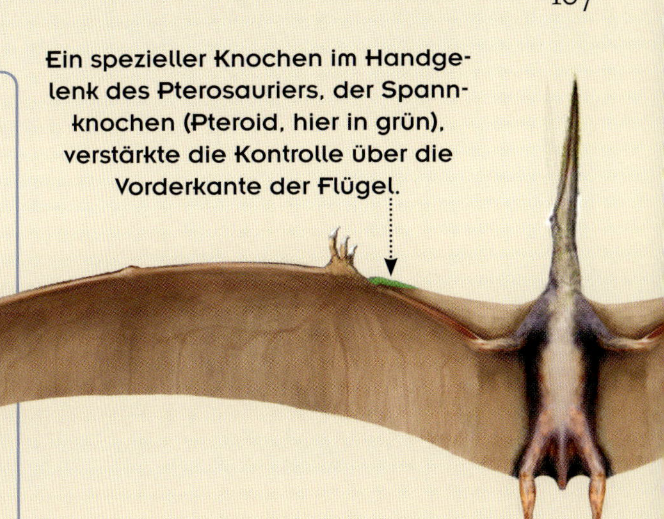

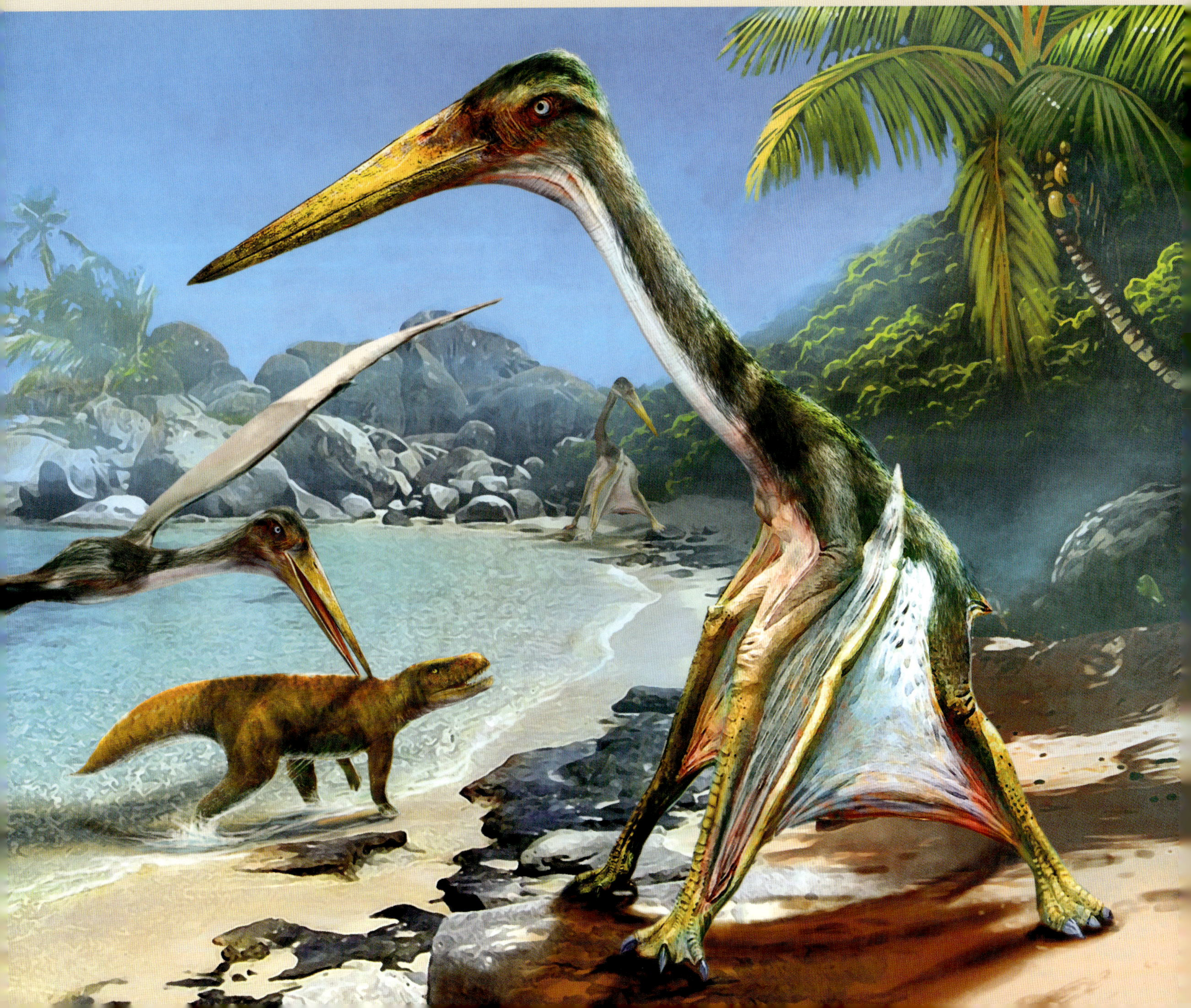

FLUGFÄHIGKEIT

Pterosaurier waren die frühesten Tiere mit Wirbelsäulen, also Wirbeltiere, die zu fliegen begannen. Die allerersten fliegenden Tiere waren jedoch Insekten, also Wirbellose. Aus den sechs Tierklassen – Wirbellose, Fische, Amphibien, Reptilien, Säugetiere und Vögel – können heute nur Tiere aus den Klassen der Wirbellosen, Säugetiere und Vögel fliegen.

Vor etwa 325 Millionen Jahren waren Grashüpfer und Libellen die ersten bekannten Flugtiere. Wahrscheinlich entwickelten sie ihre Flugfähigkeit, indem sie in die Luft sprangen oder über Wasser huschten, wobei ihre kleinen Flügel mit der Zeit immer größer wurden. Nach einigen Millionen Jahren konnten sie gleiten oder sich in die Luft erheben, noch ohne mit den Flügeln zu schlagen. Und schließlich erlangten diese Insekten die Fähigkeit, aktiv zu fliegen: angetrieben durch das Flattern ihrer Flügel.

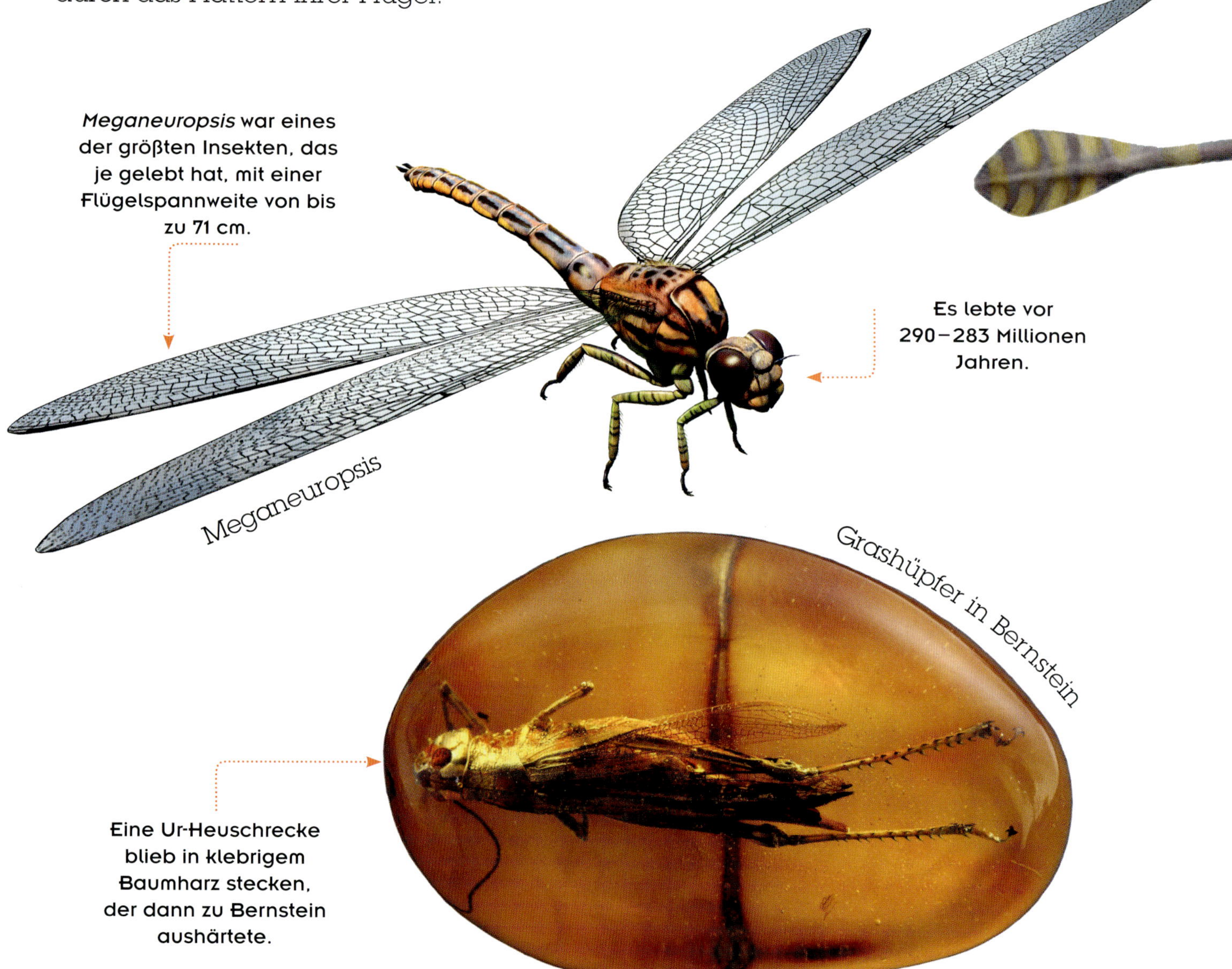

Meganeuropsis war eines der größten Insekten, das je gelebt hat, mit einer Flügelspannweite von bis zu 71 cm.

Es lebte vor 290–283 Millionen Jahren.

Meganeuropsis

Grashüpfer in Bernstein

Eine Ur-Heuschrecke blieb in klebrigem Baumharz stecken, der dann zu Bernstein aushärtete.

Die Pterosaurier erhoben sich vor 230 Millionen Jahren in die Lüfte, etwa 80 Millionen Jahre, bevor vogelähnliche Dinosaurier zu fliegen begannen. Als vor 66 Millionen Jahren ein Asteroid auf der Erde einschlug, vernichtete er die Pterosaurier zusammen mit allen Dinosauriern, die sich nicht zu Vögeln weiterentwickelt hatten. Seit damals ist kein Reptil mehr aktiv geflogen, es sei denn, man zählt ihre Verwandten, die Vögel, mit.

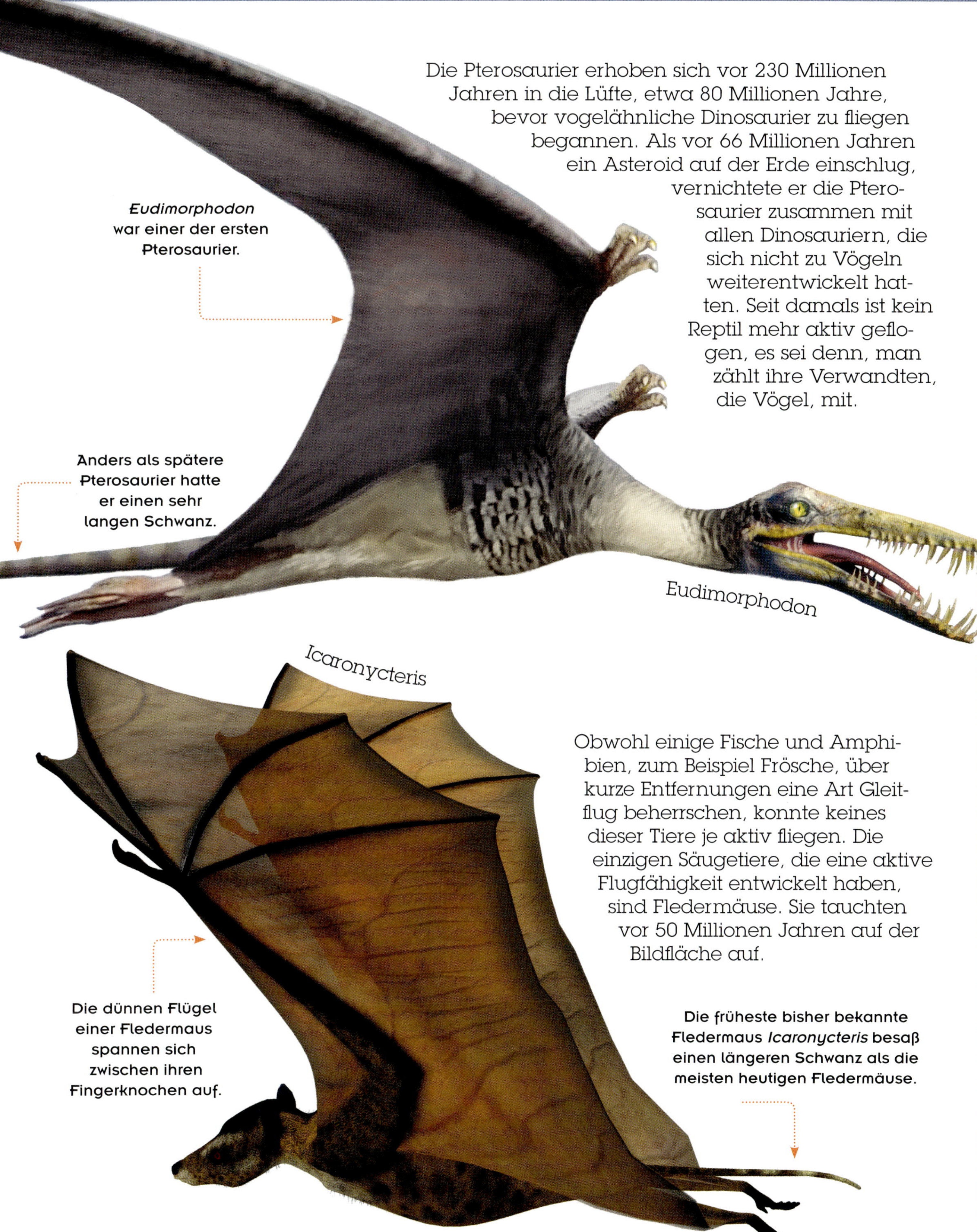

Eudimorphodon **war einer der ersten Pterosaurier.**

Anders als spätere Pterosaurier hatte er einen sehr langen Schwanz.

Obwohl einige Fische und Amphibien, zum Beispiel Frösche, über kurze Entfernungen eine Art Gleitflug beherrschen, konnte keines dieser Tiere je aktiv fliegen. Die einzigen Säugetiere, die eine aktive Flugfähigkeit entwickelt haben, sind Fledermäuse. Sie tauchten vor 50 Millionen Jahren auf der Bildfläche auf.

Die dünnen Flügel einer Fledermaus spannen sich zwischen ihren Fingerknochen auf.

Die früheste bisher bekannte Fledermaus *Icaronycteris* besaß einen längeren Schwanz als die meisten heutigen Fledermäuse.

In den Hälsen und Mägen von *Rhamphorhynchus*-Fossilien fand man die Überreste kleiner Fische wie z.B. *Leptolepides*.

Rhamphorhynchoiden

Diese frühen Pterosaurier waren normalerweise klein, mit schmalen Flügeln, deren Spannweite nicht mehr als 2,50 m betrug. Sie hatten lange, steife Schwänze, die in einer Art Segel endeten, einem Lappen aus Haut- und Körpergewebe, der dazu beitrug, den Flug des Rhamphorhynchoiden zu steuern und zu stabilisieren.

Pterosaurier werden in zwei Hauptgruppen eingeteilt: die Rhamphorhynchoiden (Langschwanzflugsaurier) und die späteren Pterodactyloiden (Kurzschwanzflugsaurier). Die Rhamphorhynchoiden sind nach dem *Rhamphorhynchus* („Schnabelschnauze") benannt, der 1825 in Deutschland erstmals gefunden wurde.

Die Kiefer des *Rhamphorhynchus* deuten darauf hin, dass er Fische fraß: Sie waren lang und endeten in einer scharfen, schnabelartigen Spitze mit einem nach oben gebogenen Haken im Unterkiefer. Ähnlich wie bei heutigen Pelikanen dürfte dieser Schnabel zum Aufnehmen glitschiger Fische ideal gewesen sein. Die nadelspitzen Zähne griffen ineinander, wenn die Kiefer geschlossen waren, und bildeten so eine Falle, aus der es für kleine Fische kein Entkommen gab.

Paläontologen nehmen an, dass *Rhamphorhynchus* anders als heutige Seevögel (z. B. Albatrosse) seine Beute nicht an der Wasseroberfläche schnappte. Stattdessen tauchte er wohl, ähnlich wie Kormorane, tiefer ins Wasser und paddelte dabei mit seinen breiten Füßen. Seine großen Augen dürften unter Wasser nützlich gewesen sein, oder sogar zum Jagen bei Nacht. Er lebte an den Küsten, könnte aber auch in Flüsse und Seen getaucht sein.

Bei diesem Fossil kann man gut den Abdruck der Haut des *Rhamphorhynchus* sehen: seine Flügel (links) und das Schwanzsegel (ganz rechts).

Unterordnung:	Rhamphorhynchoidea
Lebensräume:	Nordamerika, Südamerika, Europa und Asien
Zeitraum:	Obertrias bis Oberkreide, vor 221–94 Millionen Jahren
Größenbereich:	0,60–1,80 m lang

Scaphognathus **Harpactognathus**

Pterodactyloiden

Die Pterodactyloiden („Fingerflügel") waren Nachfahren der Rhamphorhynchoiden. Sie hatten kürzere Schwänze als Rhamphorhynchoiden, dafür aber viel längere Mittelhandknochen, sodass auch ihre Flügel größer waren. Etliche Pterodactyloiden hatten einen Kamm auf dem Kopf, der vielleicht bei der Partnersuche eine Rolle spielte.

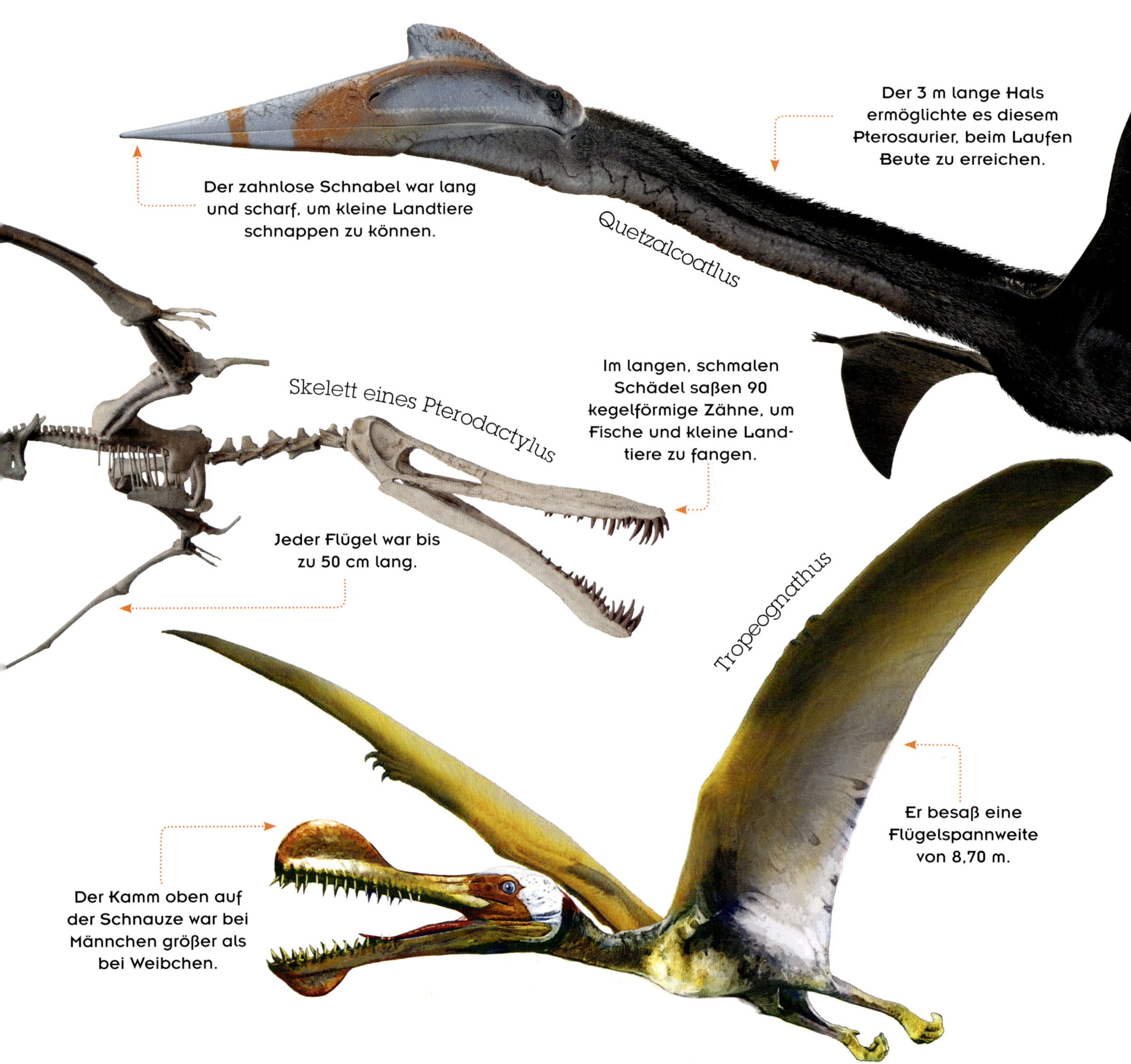

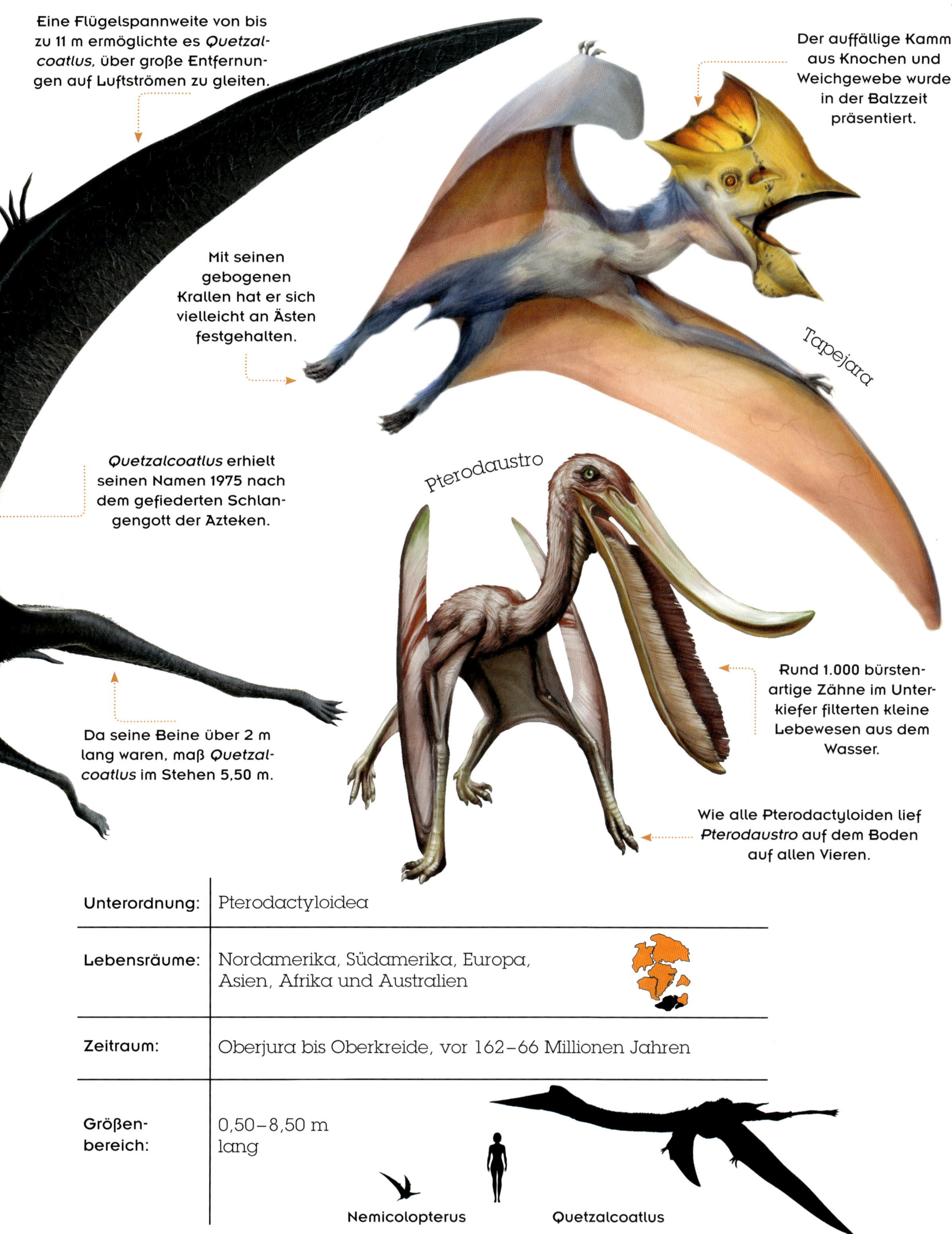

Unterordnung:	Pterodactyloidea
Lebensräume:	Nordamerika, Südamerika, Europa, Asien, Afrika und Australien
Zeitraum:	Oberjura bis Oberkreide, vor 162–66 Millionen Jahren
Größenbereich:	0,50–8,50 m lang

PTERANODONTIDEN

Die Pteranodontiden waren eine Familie großer Pterodactyloiden mit langen Knochenkämmen, die nach hinten aus ihrem Kopf ragten. Im Unterschied zu den meisten früheren Pterosauriern waren ihre Schnäbel zahnlos. Die Pteranodontiden gehörten zu den letzten Pterosauriern, die durch die Lüfte flatterten, denn sie waren Teil des Massenaussterbens vor 66 Millionen Jahren.

Die Familie der Pteranodontiden wurde nach dem *Pteranodon* („zahnloser Flügel") benannt, von dem in Nordamerika über 1.200 Fossilien gefunden wurden. Der gebogene, zahnlose Schnabel des *Pteranodons* ähnelte dem eines Vogels, mit knöchernen Kanten, die aus den Kieferknochen emporragten. Mit diesem Schnabel nahm er, in seichte Binnenmeere eintauchend, Fische oder Tintenfische auf. Die Fundorte der Fossilien legen nahe, dass *Pteranodon* auf kleinen Inseln an Land ging, wo er seine Eier fern von den meisten Räubern legen konnte.

Ausgewachsene Pteranodontid-Männchen hatten viel längere Hinterhauptkämme als Weibchen und Jungtiere, die rundere Kämme besaßen. Heute ist es ja so, dass Männchen, die größere Körpermerkmale haben als Weibchen, diese oft einsetzen, um Weibchen anzulocken oder andere Männchen aus ihrem Revier zu vertreiben (z.B. Hirsche mit ihren Geweihen). Paläontologen glauben, dass männliche Pteranodontiden den Weibchen ihre Kämme tanzend oder stolzierend vorgeführt haben. Männchen mit großen Kämmen könnten solche mit kleinen Kämmen von den Felseninseln, auf denen die Paarung stattfand, vertrieben haben.

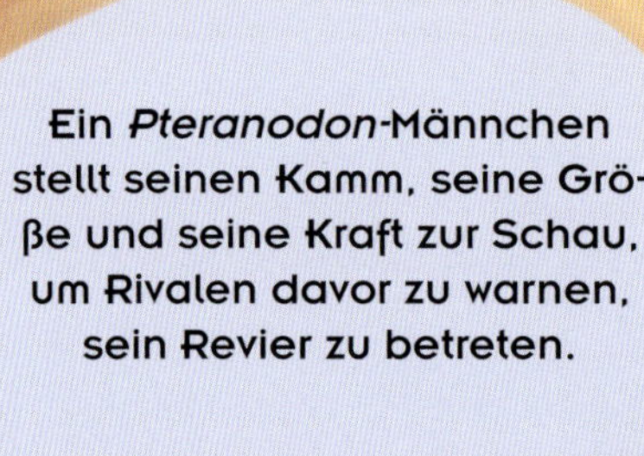

Ein *Pteranodon*-Männchen stellt seinen Kamm, seine Größe und seine Kraft zur Schau, um Rivalen davor zu warnen, sein Revier zu betreten.

Familie:	Pteranodontidae
Lebensräume:	Die Meere von Nordamerika, Asien und Afrika
Zeitraum:	Oberkreide, vor 88–66 Millionen Jahren
Größenbereich:	2,50–2,80 m lang

Tethydraco

Pteranodon

Ein *Tethydraco*-Schwarm nistet auf einer Insel im kreidezeitlichen Nordafrika.

Ichthyosaurier

Ichthyosaurier („Fischechsen") waren viele Millionen Jahre lang die gefürchtetsten Räuber der Ozeane, bevor sie Konkurrenz von den Plesiosauriern bekamen. Die meisten Ichthyosaurier hatten kegelförmige Zähne, um damit Fische zu packen, aber größere Arten besaßen messerartige Zähne, die jedes kleine Lebewesen, das ihnen begegnete, zerreißen konnten.

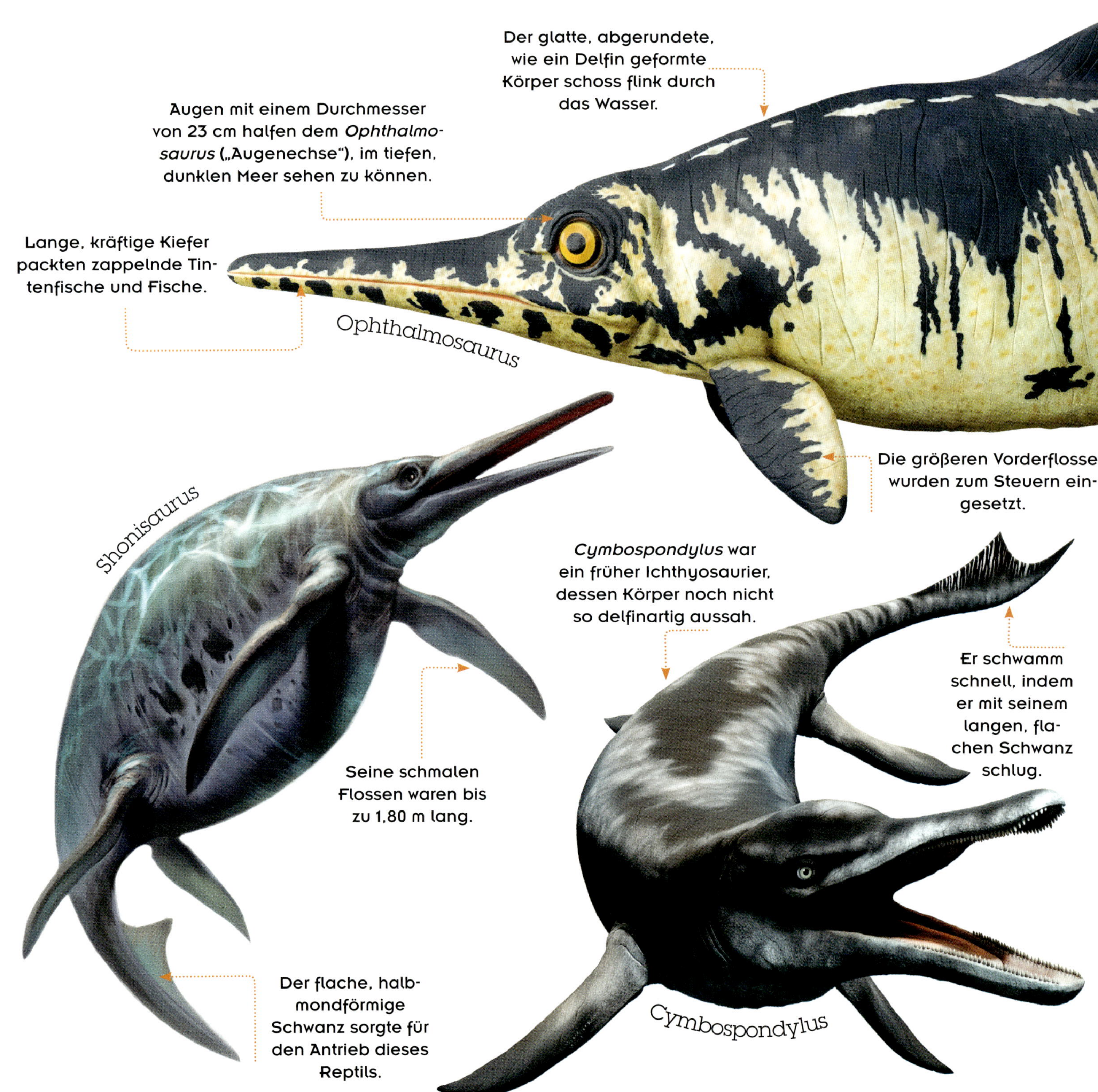

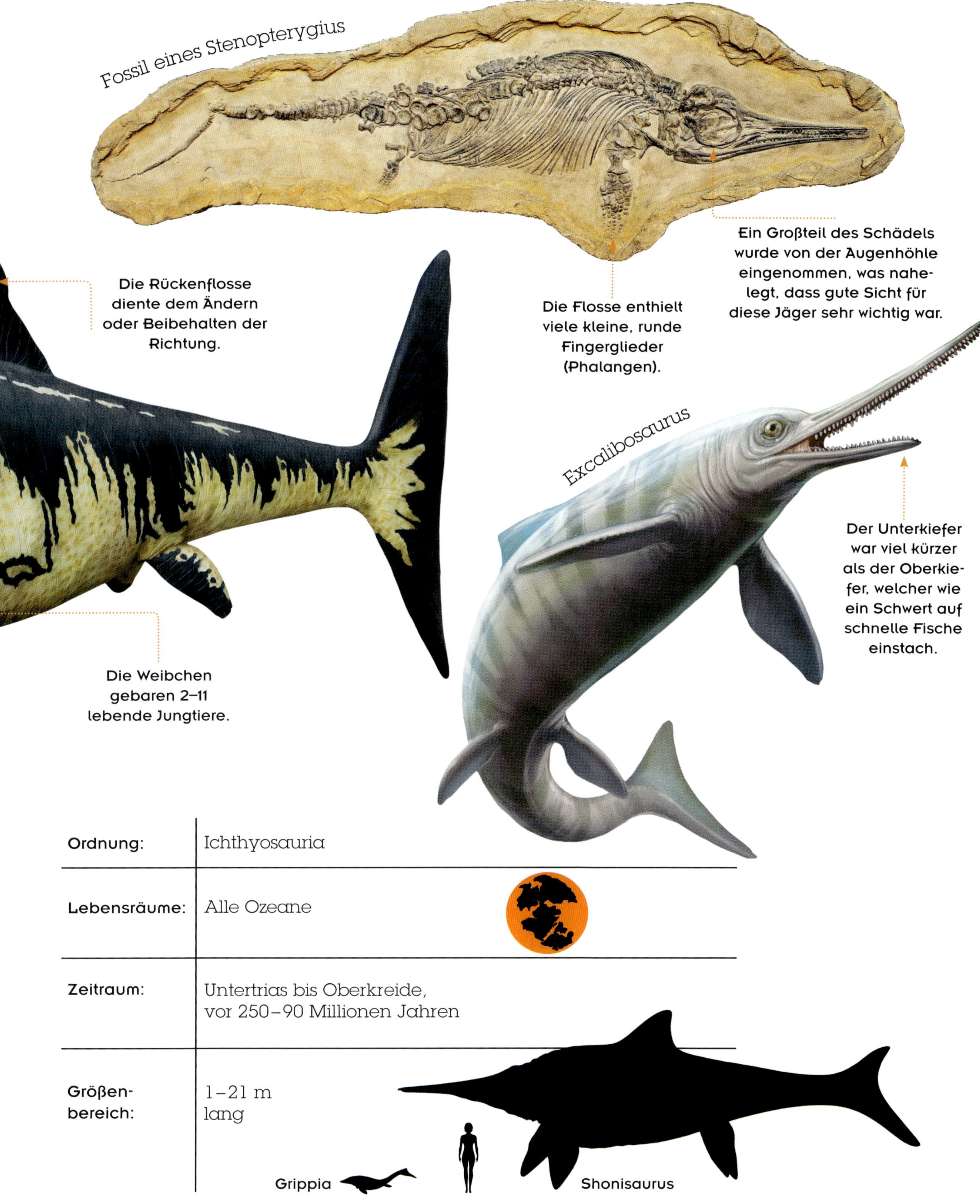

Ordnung:	Ichthyosauria
Lebensräume:	Alle Ozeane
Zeitraum:	Untertrias bis Oberkreide, vor 250–90 Millionen Jahren
Größenbereich:	1–21 m lang

Plesiosaurier

Diese im Ozean lebenden Reptilien hatten für gewöhnlich sehr lange Hälse. Die brauchten sie beim Fressen, vielleicht, um den Meeresgrund „abzuräumen“ oder um Fischschwärme zu überraschen. Die Zähne der Plesiosaurier waren gut dafür geeignet, Beute zu schnappen, konnten aber nicht kauen. Kleine Lebewesen schluckten Plesiosaurier daher im Ganzen, manchmal zusammen mit Kieseln, die die Nahrung im Magen zerkleinerten.

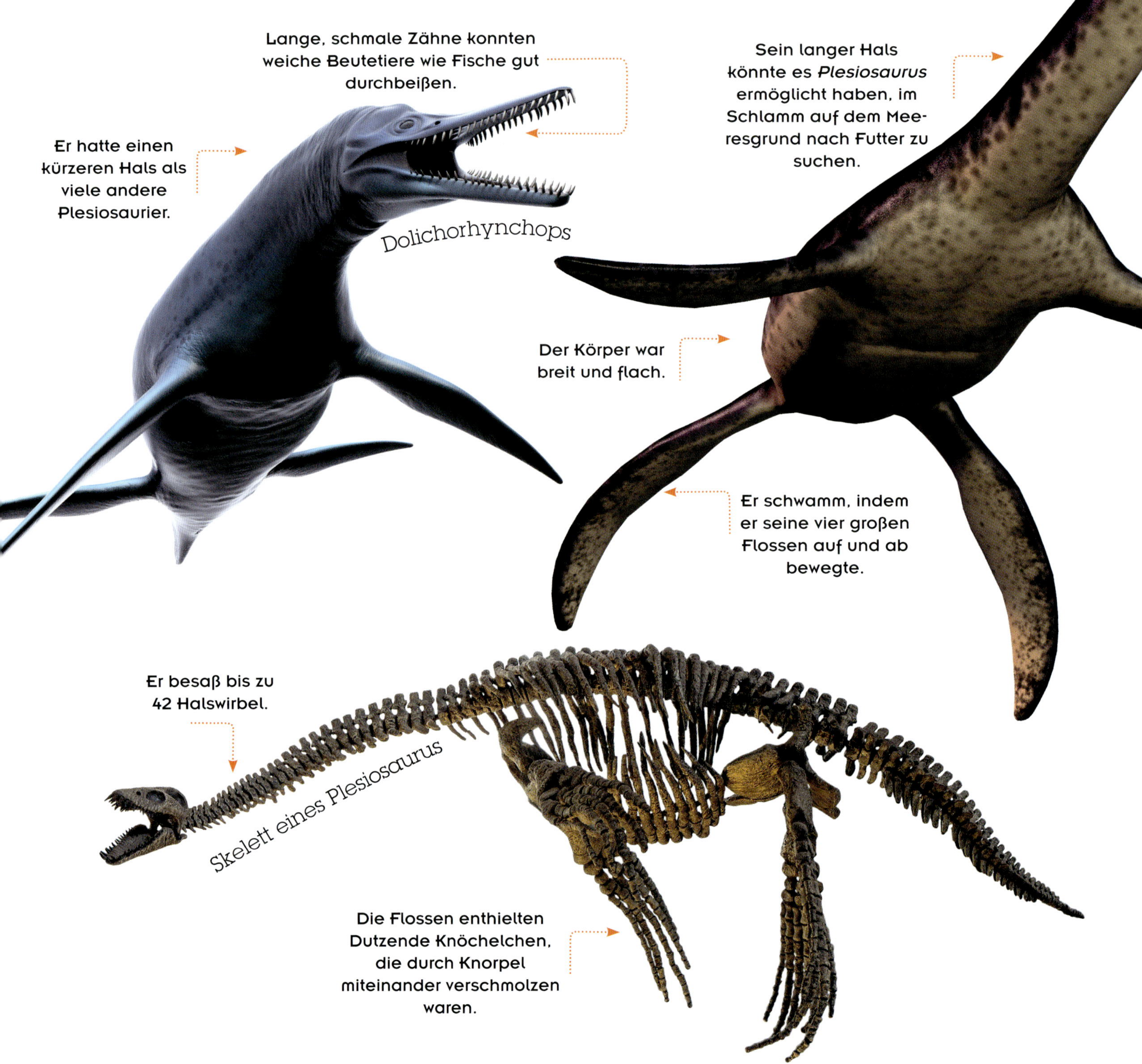

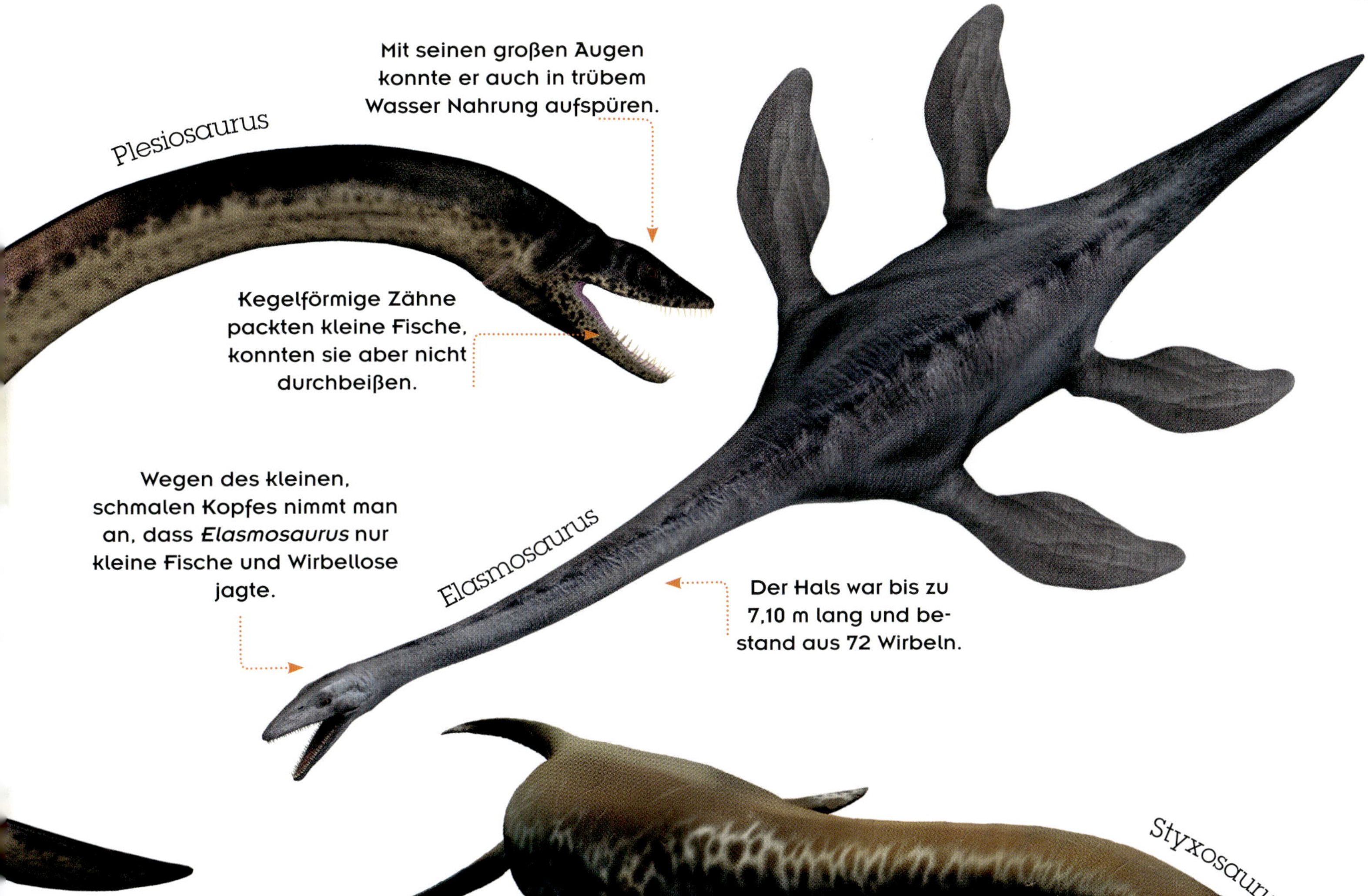

Plesiosaurus

Mit seinen großen Augen konnte er auch in trübem Wasser Nahrung aufspüren.

Kegelförmige Zähne packten kleine Fische, konnten sie aber nicht durchbeißen.

Wegen des kleinen, schmalen Kopfes nimmt man an, dass *Elasmosaurus* nur kleine Fische und Wirbellose jagte.

Elasmosaurus

Der Hals war bis zu 7,10 m lang und bestand aus 72 Wirbeln.

Styxosaurus

Die rund 250 kleinen Steine, die man im Magen eines *Styxosaurus* fand, hatte er vermutlich geschluckt, um beim Zerkleinern der Nahrung zu helfen.

Ordnung:	Plesiosauria
Lebensräume:	Alle Ozeane 
Zeitraum:	Obertrias bis Oberkreide, vor 203–66 Millionen Jahren
Größenbereich:	1,50–15 m lang  Leptocleidus Elasmosaurus

Im Eromanga-Meer im kreidezeitlichen Australien schnappt sich ein *Kronosaurus* den ungeschützten Hals eines *Eromangasaurus*.

PLIOSAURIER

Die Pliosaurier waren eine Gruppe kurzhalsiger Plesiosaurier mit großen Köpfen. Sie waren weitaus gefährlicher als ihre Verwandten und hatten lange, krokodilähnliche Kiefer voller scharfer Zähne. Starke Kieferknochen und -muskeln verliehen ihnen einen kräftigen Biss, der in der Lage war, die Körper anderer schwimmender Reptilien wie *Plesiosaurus* und Meeresschildkröten zu zermalmen, wie auch Fische und Tintenfische.

Die großen Pliosaurier wie *Kronosaurus*, *Liopleurodon* und *Pliosaurus* gehören zu den tödlichsten Meeresreptilien, die je gelebt haben. Von vier breiten Flossen angetrieben, konnten sie Geschwindigkeiten von 10 km/h erreichen, etwa so schnell wie die besten menschlichen Schwimmer. Ihre massigen, muskulösen Körper wogen bis zu 12 Tonnen – mehr als sechs Autos. Pliosauriermütter bekamen wohl nur ein oder zwei voll ausgebildete Babys, die bereits 1,50 m lang waren.

Kronosaurus besaß bis zu 30 cm lange, kegelförmige Zähne. Anders als Haizähne hatten sie keine scharfen Schneidekanten, doch *Kronosaurus* konnte seine Beute trotzdem fest genug packen, um sie zu zerquetschen oder totzuschütteln. Die Abdrücke von *Kronosaurus*-Zähnen fanden sich auf anderen Meeresreptilien, auch auf dem 10 m langen Plesiosaurier *Eromangasaurus*.

Die Pliosaurier waren schon lange vor dem Massenaussterben vor 66 Millionen Jahren verschwunden. Vielleicht haben noch größere und scharfzahnigere Meeresräuber wie Mosasaurier und Megahaie, die 18 m lang werden konnten, für ihre Ausrottung gesorgt.

Familie:	Pliosauridae
Lebensräume:	Alle Ozeane
Zeitraum:	Obertrias bis Oberkreide, vor 228–89 Millionen Jahren
Größenbereich:	1,50–10,90 m lang

Thalassiodracon **Kronosaurus**

Liopleurodon **hatte wahrscheinlich einen guten Geruchssinn und konnte Beute schon riechen, bevor sie in sein Blickfeld kam.**

MOSASAURIER

Die meisten Mosasaurier waren große, schnell schwimmende Raubtiere mit enorm starken Kiefern. Die größten Mosasaurier standen in der Nahrungskette der Ozeane ganz oben – kein Tier war groß genug, um sie als Beute zu jagen. Mosasaurier wurden nach dem Fluss Maas in den Niederlanden benannt, wo Fossilien dieser Reptilien 1764 erstmals gefunden und untersucht wurden.

Mosasaurier waren stromlinienförmig, um rasch durchs Wasser zu gleiten. Sie schwammen, indem sie mit ihren großen Schwänzen schlugen. Wie einige heutige Haie pirschten sie sich wahrscheinlich langsam an ihre Beute heran und hoben sich die blitzartige Bewegung für den letzten Moment auf. Die meisten Mosasaurier waren groß genug, um alle Tiere zu fressen, die ihnen begegneten, von Plesiosauriern bis zu Vögeln und Fischen. Ihre Augen waren groß – zum Finden der Beute waren sie darauf angewiesen.

In den muskulösen Kiefern saßen Dutzende von Zähnen mit messerscharfen Kanten. Eine Extra-Zahnreihe hinten im Oberkiefer half ihnen, die Beute festzuhalten. Ihr Unterkiefer konnte vorwärts und rückwärts schwingen und sich blitzschnell öffnen und schließen, sodass sie ihre Beute mit tödlicher Wucht packen konnten.

In der warmen Kreidezeit war der Meeresspiegel hoch, denn Wasser dehnt sich aus, wenn es wärmer wird. Deshalb überfluteten die Ozeane auf allen Kontinenten viel Land. In diesen ehemaligen Binnenmeeren hat man viele verschiedene Mosasaurierfossilien gefunden.

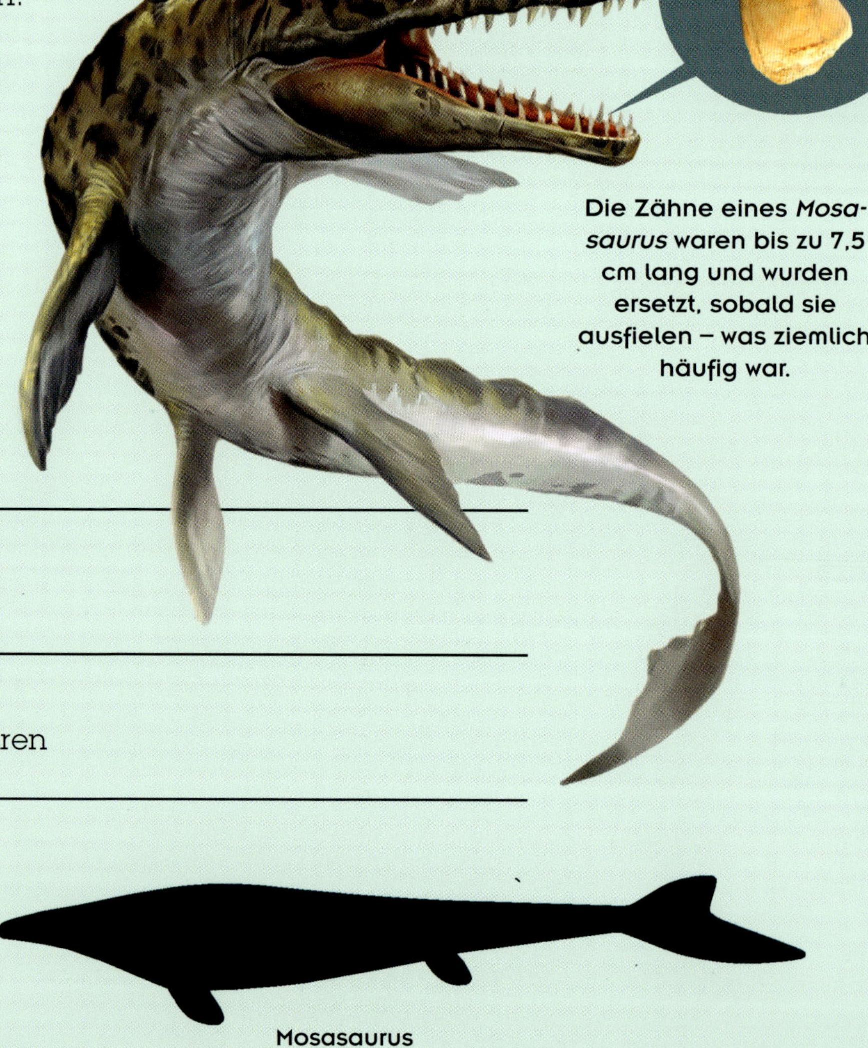

Die Zähne eines *Mosasaurus* waren bis zu 7,5 cm lang und wurden ersetzt, sobald sie ausfielen – was ziemlich häufig war.

Familie:	Mosasauridae
Lebensräume:	Alle Ozeane
Zeitraum:	Oberkreide, vor 101–66 Millionen Jahren
Größenbereich:	1–17 m lang

Dallasaurus

Mosasaurus

Hier versucht der bis zu 14 m lange *Tylosaurus*, sich den Hai *Hybodus* zu schnappen.

KROKODILE

Vor 250 Millionen Jahren entwickelten sich krokodilähnliche Reptilien, die Pseudosuchia (Crurotarsi). Eine ihrer Untergruppen, die Crocodylomorpha, hat die Katastrophe vor 66 Millionen Jahren überlebt. Und so gibt es noch heute über 20 Arten Crocodylomorpha, eingeteilt in vier Gruppen: Krokodile, Alligatoren, Kaimane und Gaviale.

Die meisten Pseudosuchia – heute und damals – haben einen großen Schädel mit einer langen, schmalen Schnauze. Ihr Körper ist oft von Reihen dicker Schuppen gepanzert. Bevor es Dinosaurier gab, waren Pseudosuchia an Land sehr erfolgreich. Einige waren riesige, gefährliche Räuber, andere aßen aber nur Krustentiere, Insekten oder Pflanzen und waren klein und schlank.

Von vor 230 bis vor 203 Millionen Jahren war der 5 m lange *Postosuchus* eines der größten Landraubtiere Nordamerikas.

Er könnte auf seinen langen Hinterbeinen gelaufen sein.

Dieser pflanzenfressende Pseudosuchus lebte vor 228–210 Millionen Jahren.

Vor etwa 200 Millionen Jahren wurden die Körper der Crocodylomorpha immer krokodilähnlicher. Einige lebten immer noch an Land, andere verbrachten ihre ganze Zeit im Wasser, und wieder andere waren, wie heutige Krokodile, mal im Wasser und mal an Land zu finden. Obwohl die stärksten Raubtiere an Land inzwischen Dinosaurier waren, beherrschten viele verschiedene Crocodylomorpha Sümpfe, Flüsse und Ozeane. Heute sind die Nachfahren dieser Crocodylomorpha die nächsten lebenden Verwandten der Vögel.

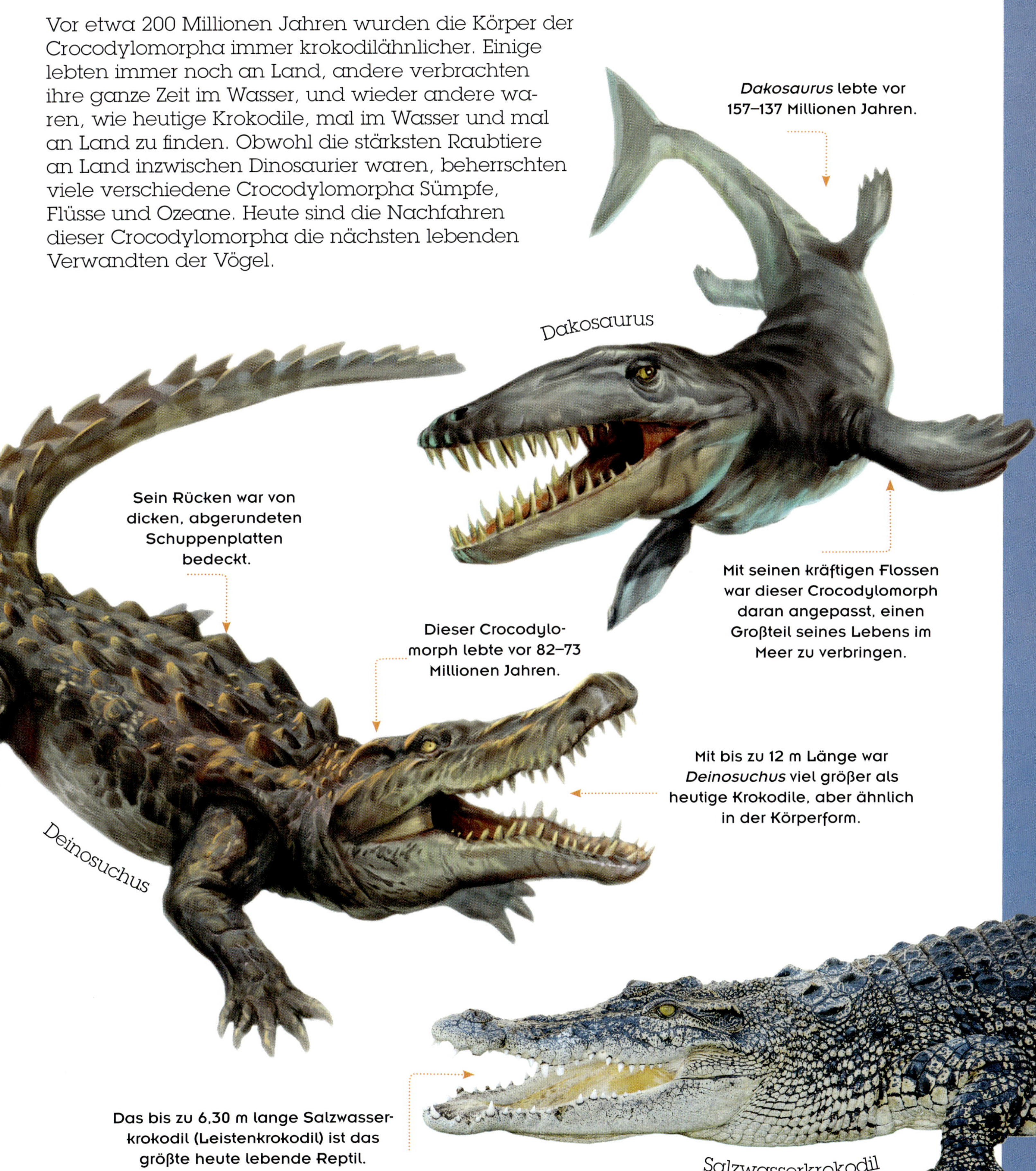

GLOSSAR

AMPHIBIEN Tiere, die einen Teil ihres Lebens im Wasser und einen Teil an Land verbringen.

ARCHOSAURIA Tiere, die zu einer Gruppe Wirbeltiere gehören, welche Dinosaurier, Vögel, Pterosaurier und Krokodile umfasst.

ART Eine Gruppe von Lebewesen, die sich ähneln und miteinander fortpflanzen können.

BEUTE Tiere, die als Nahrung gejagt werden.

CERAPODA Pflanzenfressende Ornithischia-Dinosaurier mit Schnäbeln und kantigen Zähnen.

CERATOPSIA Cerapoda-Dinosaurier, die oft Hörner und Nackenschilde besaßen.

DINOSAURIER Ausgestorbene, an Land lebende Reptilien, deren Beine anders als bei anderen Reptilien senkrecht unter dem Körper standen.

EVOLUTION Der langsame Prozess der Veränderung und Entwicklung von Lebewesen.

FAMILIE Eine Gruppe eng verwandter Arten.

FOSSIL Die erhaltenen Überreste eines Tiers oder einer Pflanze, die vor sehr langer Zeit lebten.

JURA Periode der Erdgeschichte, die von vor 201 bis vor 145 Millionen Jahren reichte.

KNOCHENPLATTEN Knöcherne Platten mit einer Hornschicht als Panzerung von Tieren.

KREIDE Periode der Erdgeschichte, die von vor 145 bis vor 66 Millionen Jahren reichte.

MIKROORGANISMEN Winzige, einfache Lebewesen.

MINERALIEN Feste, natürliche Substanzen.

ORNITHISCHIA Pflanzenfressende Dinosaurier mit vogelähnlichen Becken.

PACHYCEPHALOSAURIER Cerapoda-Dinosaurier mit dicken, oft kuppelförmigen Schädeldächern.

PALÄONTOLOGIE Die Erforschung von Fossilien.

PTEROSAURIER Ausgestorbene Reptilien mit Flügeln an den verlängerten vierten Fingern.

REPTILIEN Tiere mit Lungen, die meist schuppige Haut haben und ihre Eier an Land legen.

SÄUGETIERE Tiere, die ihre Babys säugen.

SAURISCHIA Dinosaurier mit echsenähnlichen Becken.

SAUROPODOMORPHA Pflanzenfressende Saurischia mit langen Hälsen.

SCHUPPEN Kleine, harte Plättchen, die zum Schutz aus der Haut von Tieren herauswachsen.

TETRAPODA Tiere mit vier Gliedmaßen oder ebensolchen Vorfahren, z.B. Amphibien, Reptilien, Vögel oder Säugetiere.

THEROPODA Saurischia-Dinosaurier mit hohlen Knochen und meist drei Hauptzehen.

THYREOPHORA Pflanzenfressende Ornithischia-Dinosaurier mit Stacheln oder Knochenplatten.

TRIAS Periode der Erdgeschichte, die von vor 252 bis vor 201 Millionen Jahren reichte.

VÖGEL Tiere mit Federn, Flügeln und Schnäbeln, stammen von theropoden Dinosauriern ab.

WIRBELLOSE Tiere ohne Wirbelsäule, wie z.B. Insekten oder Quallen.

WIRBELTIERE Tiere mit einer Wirbelsäule, wie z.B. Fische, Amphibien, Reptilien, Vögel oder Säugetiere.

ZELLE Kleinster funktionierender Teil eines Lebewesens.

REGISTER

Claudia Martin ist die erfolgreiche Autorin vieler Sachbücher für Kinder und Jugendliche. Besonders gut ist sie darin, komplexe Sachverhalte anschaulich zu erklären. Ihre Spezialgebiete sind Dinosaurier und andere Tiere, Mineralien und Fossilien sowie unser sich verändernder Planet. Claudia Martin lebt in London.

Dougal Dixon ist ein international anerkannter Dinosaurierexperte und einer der beliebtesten Naturwissenschaftsautoren Großbritanniens. Als wissenschatlicher Berater hat er bereits an zahlreichen TV-Serien und Filmen über Dinosaurier in den USA, Großbritannien und Japan mitgearbeitet.

Mat Edwards ist ein außerordentlich vielseitiger Künstler, der von fotorealistisch wirkenden prähistorischen Landschaften bis zu nostalgischen Gemälden alles erschaffen kann. In seinen künstlerischen Dinosaurierdarstellungen mischt sich fundierter Realismus mit einem intuitiven Gefühl für das Dramatische.